KB166881

제자 첫걸음

제자 첫걸음

지은이 | 황덕영
초판 발행 | 2023. 3. 28
등록번호 | 제 1988-000080 호
능록된 곳 | 서울특별시 용산구 서빙고로 65길 38
발행처 | 사단법인 두란노서원
영업부 | 2078-3352   FAX | 080-749-3705
출판부 | 2078-3331

책값은 뒤표지에 있습니다.
ISBN 978-89-531-4448-4 03230

독자의 의견을 기다립니다.
tpress@duranno.com www.duranno.com

ⓒ 이 출판물은 저작권법에 의해 보호를 받는 저작물이므로
무단 전재와 무단 복제, 무단 사용을 할 수 없습니다.

두란노서원은 바울 사도가 3차 전도여행 때 에베소에서 성령 받은 제자들을 따로 세워 하나
님의 말씀으로 양육하던 장소입니다. 사도행전 19장 8-20절의 정신에 따라 첫째 목회자를
돕는 사역과 평신도를 훈련시키는 사역, 둘째 세계선교(TIM)와 문서선교(단행본·잡지) 사역, 셋
째 예수문화 및 경배와 찬양 사역, 그리고 가정·상담 사역 등을 감당하고 있습니다. 1980년
12월 22일에 창립된 두란노서원은 주님 오실 때까지 이 사역들을 계속할 것입니다.

성숙한 제자로 나아가는 열두 가지 방법

제자
첫걸음

황덕영 지음

두란노

차례

◆

추천사

《제자 첫걸음》은 제자도의 핵심을 담고 있는 책입니다. 또한 제자도의 전체 그림을 보여 주는 청사진과 같은 책입니다. 저자는 훌륭한 설교가, 선한 목자, 탁월한 영적 리더 그리고 시대의 변화를 읽어 내는 선교 전략가입니다. 무엇보다 지성과 감성과 영성이 잘 겸비된 목회 리더입니다. 저자는 이 책을 통해 우리가 왜 제자가 되어야 하며, 어떻게 제자가 될 수 있는가를 보여 줍니다.

저자는 한 영혼을 소중히 여기며 목회하는 분입니다. 저자는 이 책에서 한 영혼을 사랑하는 것이 얼마나 소중한가를 보여 줍니다. 한 영혼을 구원하고 그를 제자로 키워 제자로 남기는 것의 소중함을 보여 줍니다. 참된 위대함은 한 영혼에 목숨을 거는 것입니다. 한 영혼이 천하보다 귀하다는 그 가치를 알고, 한 영혼을 존귀하게 여기는 것입니다.

저자는 성령님의 능력을 늘 갈망하는 분입니다. 육의 힘이 아닌 오직 성령님의 능력을 힘입어 사역하는 분입니다. 그런 까닭에 제자는 날마다 성령 충만을 간구해야 함을 강조합니다. 이 책 속에는 제자도의 핵심을 담은 말씀과 원리와 가치와 전략과 기술이 담겨 있습니다.

저자는 선교적 교회에 대한 비전을 가지고 성도들을 각 영역에 선교사로 세우는 일을 하고 있습니다. 모든 삶의 현장을 선교지로 여기고 성도들을 평신도 선교사로 파송하는 일을 하고 있습니다. 저는 이 책을 제자의 길을 걷기 원하는 모든 성도에게 추천하고 싶습니다. 예수님의 제자가 되고 제자를 키우기 원하는 사람들에게 추천하고 싶습니다. 선교 현장에서 제자를 삼고 제자를 남기기 원하는 선교사들에게 추천하고 싶습니다. 선교적 교회 세우기를 열망하는 목회자들에게 추천하고 싶습니다.

강준민 목사 새생명비전교회 담임

성경은 예수를 믿는 모든 이가 그의 제자가 되어야 한다는 사실을 가르치고 있습니다. 성도라면 예외 없이 제자의 삶을 살아야 합니다. 제자는 한순간이 아니라 평생을 통해 삶의 모든 영역에서의 변화를 추구해야 합니다. 제자가 된다는 것은 목적지를 향한 지속적인 여정이기 때문입니다. 그렇기에 '제자도'는 이미 제자가 되었다는 것이 아니라 제자가 되어 간다는 뜻을 담고 있습니다.

이 책의 저자인 황덕영 목사님은 품성이 겸손하고 인격적이며, 예수님의 제자로서 본이 되는 삶을 살고 있는 사역자입니다. 그러한 그가 쓴 이 책은 교회라는 울타리 내에서 제자도가 성숙해 가며, 서로 간에 주고받는 긍정적인 영향력을 통해 온전한 예수의 제자로서 성장하는 비결을 제시하고 있습니다.

어떻게 보면 이 책에는 새중앙교회의 건강한 성장과 성숙의 비밀이 담겨 있다고 할 수 있습니다. 성도들을 어떻게 제자로 살도록 가르치며 그것이 교회에 어떤 모습으로 접목되었는가를 배우는 데 귀한 역할을 감당할 것을 기대합니다.

박성민 목사 한국 CCC 대표, CCC 글로벌 부총재

한국 교회는 심각한 위기와 도전에 직면해 있습니다. 성도들의 영적 방황도 심각합니다. 이러한 위기 상황에서 교회와 성도를 살리고 회복시키는 방법은 단 한 가지입니다. 우리의 무능력함을 솔직하게 인정하고 예수 그리스도 앞으로 나아가는 것입니다. 그리고 겸손히, 믿음으로 주님께서 주시는 말씀을 들어야 합니다. 그것이 우리가 살 수 있는 '유일하고 가장 강력한' 해답입니다.

그런 점에서 황덕영 목사님의 《제자 첫걸음》은 정말 귀한 책입니다. 황덕영 목사님은 이 시대에 성경적인 교회를 이 땅에 세워 영혼을 구원하고 헌신된 제자로 양육하여 가정과 일터 및 이웃과 열방까지 예수 그리스도를 증거하게 하는 일에 열정을 가진 분입니다. 그는 '이 세상에서 정말 하나님의 말씀을 끝까지 붙들고 살아갈 수 있을까?' 생각하는 회의적인 사람에게 하나님의 말씀을 가지고 세상 한가운데서 당당하게 살 수 있다는 확신을 줍니다. 그것은 우리가 이루어야 할 일이 아니라 하나님의 열심이 이루실 것을 믿기 때문입니다. 이 책을 읽으면 예수 그리스도의 복음과 하나님의 사랑 그리고 우리에게 주어진 사명이 무엇인지 알게 됩니다. 지금 이 시대에도 하나님의 말씀인 성경이 여전히 우리 문제의 답인지 궁금한 이들에게 이 책을 추천합니다.

유기성 목사 선한목자교회 담임

황덕영 목사님의 《제자 첫걸음》은 예수님의 제자들의 삶과 우리의 삶을 곧바로 연결시켜 주는 힘이 있는 책입니다. 이는 황 목사님의 복음과 하나님 나라에 대한 깊은 헌신과 사랑 때문입니다. 한 영혼을 향한 하나님의 마음으로 목회에 전념하시는 황 목사님의 강해는 분명하며 강력합니다. 한 손으로는 복음의 본질을, 다른 한 손으로는 세상 한가운데 서 있는 성도들을 붙잡고 계십니다. 이 책을 통해 한국 교회가 영적으로 깨어나기를 소망합니다. 많은 교회 지도자들이 복음에 대한 사랑과 하나님 나라에 대한 헌신을 새롭게 하게 되기를 기도합니다.

이재훈 목사 온누리교회 담임

서문

하나님 앞에서의 간절한 소원이 있다면 주님의 참된 제자가 되는 것입니다. '어떻게 하면 주님의 기쁨이 될 수 있을까? 어떻게 하면 주님을 더욱 사랑할 수 있을까? 어떻게 하면 주님의 뜻을 더욱 아름답고 온전하게 이룰 수 있을까?' 이는 주님의 제자로 부르심을 받은 모든 성도의 공통된 소원이며 몸부림일 것입니다. 그리고 이러한 참된 제자가 되고자 하는 소원은 '나'의 삶에서 더 확장되어 '다른 이들'을 주님의 참된 제자로 삼는 삶의 헌신으로 이어질 것입니다.

"너희는 가서 모든 민족을 제자로 삼아"(마 28:19).

어느 주일 예배 때 주님의 지상 명령에 관해 설교하고 축도로 마칠 때 하나님께서 마음속에 깊은 도전의 메시지를 주셨습니다. '위대한 교회는 위대한 명령에 순종하는 교회고, 위대한 성도는 위대한 명령에 순종하는 성도다.' 주님의 지상 명령의 내용을 이미 알고, 믿고, 전하고 있었지만, 주님의 말씀이 더욱 강하고 분명하게 다가왔습니다. 주님의 위대한 명령인 '가서 제자 삼으라'는 메시지가 심령 가득히 채워지는 체험이었습니다. 주님의 제자를 삼지 않는 인생은 절대로 하나님 앞에서 잘했다 인정받을 수 없는 인생이 된다는 새로운 차원의 감동과 도전이었습니다.

주님의 위대한 명령과 상관없이 살아가는 인생은 분명 헛되고 열매 없는 초라한 인생이 될 것입니다. 물론 주님의 제자가 아닌 그리스도인이 없고, 주님의 제자를 삼는 것을 비전으로 삼지 않는 교회도 없을 것입니다. 그러나 어떠한 제자로 살아가고 있느냐가 중요합니다. 제자이지만 주님의 기쁨이 될 수도 있고, 그렇지 않을 수도 있습니다. 다른 이들을 제자 삼는 열매 맺는 성도일 수도 있고, 열매 없는 성도로 살아갈 수도 있습니다. 우리는 우리가 먼저 주님의 참된 제자가 되지 않고는 결코 다른 이들을 주님의 참된 제자로 삼을 수 없음을 잘 알고 있습니다.

교회의 부흥의 시작은 성도의 수가 많아지는 것이 아니라 성도의 변화가 많아지는 것임을 되새기게 됩니다. 우리의 삶에 변화가 있어야 다른 이의 삶도 제자로 변화시킬 수 있습니다. 하나님께서 주시는 구원과 변화의 은혜가 삶 속에서 시작될 때, 세상이 아직 어두워도 이미 하나님의 부흥은 시작되었음을 믿습니다. 제대로 된 제자의 삶을 살아가는 성도와 교회를 찾기가 더욱 어려워져 가고 있다고 말하는 시대 속에서 더욱 강하고 높은 주님의 신실하신 은혜 가운데 주님의 참된 제자로 거듭나는 부흥의 역사가 임하기를 간절히 사모합니다. 부족하고 연약해도 위대하신 주님의 말씀을 따라 순종하며 살아간다면, 하나님은 우리의 삶을 세상의 위대함의 차원을 뛰어넘어 하나님 나라의 위대함으로 칭찬하며 기뻐하실 것입니다.

그동안 강단에서 제자의 삶에 관해 설교했던 내용들

을 선별하여 이 책에 담았습니다. 저 자신도 계속해서 주님 앞에 참된 제자로 변화되고 새로워져야 하기에, 저의 다른 어떤 메시지보다 하나님의 온전하신 말씀이 이 책을 통해 독자들의 심령과 삶 속에 살아 역사하기를 기대하며 기도합니다. 이 책을 읽는 모든 사람이 성령님의 은혜와 능력 속에서 어떤 모습으로든 거듭나고 새로워지고 변화되는 기적의 축복을 누리기를 간절히 소망합니다. 그래서 우리의 구주 되시는 주님 앞에서 착하고 충성된 위대한 인생을 살았다고 인정받게 되기를 축복합니다.

2023년 3월
황덕영 목사

"예수께서 한 배에 오르시니 그 배는 시몬의 배라 육지에서 조금 떼기를 청하시고 앉으사 배에서 무리를 가르치시더니 말씀을 마치시고 시몬에게 이르시되 깊은 데로 가서 그물을 내려 고기를 잡으라 시몬이 대답하여 이르되 선생님 우리들이 밤이 새도록 수고하였으되 잡은 것이 없지마는 말씀에 의지하여 내가 그물을 내리리이다 하고 그렇게 하니 고기를 잡은 것이 심히 많아 그물이 찢어지는지라 이에 다른 배에 있는 동무들에게 손짓하여 와서 도와 달라 하니 그들이 와서 두 배에 채우매 잠기게 되었더라 시몬 베드로가 이를 보고 예수의 무릎 아래에 엎드려 이르되 주여 나를 떠나소서 나는 죄인이로소이다 하니 이는 자기 및 자기와 함께 있는 모든 사람이 고기 잡힌 것으로 말미암아 놀라고 세베대의 아들로서 시몬의 동업자인 야고보와 요한도 놀랐음이라 예수께서 시몬에게 이르시되 무서워하지 말라 이제 후로는 네가 사람을 취하리라 하시니 그들이 배들을 육지에 대고 모든 것을 버려두고 예수를 따르니라"(눅 5:3-11).

1. 제자의 소명
부르심에 순종의 무릎을 꿇으라

누가복음 5장에는 예수님께서 제자들을 부르시는 장면이 나옵니다. 특별히 제자들 중에서 시몬 베드로를 부르시는 장면이 기록되어 있습니다. 예수님께서는 베드로를 어떠한 상황 가운데서 부르고 계십니까? 게네사렛 호수에서 밤새도록 그물질을 했음에도 물고기 한 마리 잡지 못한 그 실패의 현장에 찾아와 베드로를 부르십니다.

우리의 삶도 마찬가지입니다. 주님은 우리의 실패의 현장, 아니 실패 정도가 아니라 전적인 타락의 현장, 죄로 인해 죽을 수밖에 없는 그 사망의 현장에 친히 찾아오셨습니다. 이는 주님의 부르심입니다. 우리가 주님을 부른 것이 아니라, 주님이 우리를 부르신 것입니다. 이것을 '은혜'라고 이야기합니다. 우리가 주님을 알지 못할 때, 찾지 않을 때, 주님을 사랑하지 않을 그때 주님이 우리를 부르셨습니다. 우리를 당신의 자녀 삼아 제자의 길을 가게 하시기 위해서 말입니다. 이 얼마나 놀라운 은혜입니까?

그렇기에 우리 삶의 주인은 주님이십니다. 주님께서 우리를 삶의 가장 어두운 자리, 실패의 현장, 죄와 어둠과 사망의 자리에서 부르셨기 때문에 살아가면서 어떠한 문제, 어떠한 실패를 만난다 할지라도 우리는 두려워하지 않을 수 있습니다. 왜냐하면 절망의 밑바닥 속에서도 주님이 우리를 부르셨기 때문에 우리 삶의 형편이 어떠하든지, 어떤 실패와 고난, 어떤 문제 가운데 있다 할지라도 주님은 우리를 결단코 떠나지 않으십니다. 주님이 함께하시고, 힘을 주시고, 위로하시며, 인도해 주십니다.

생각해 보면, 우리가 구원받아 주님을 예배할 수 있는 것은 물론 우리의 살아가는 모든 것이 주님의 은혜로 가능한 것입니다. 그렇다면 우리는 주님의 부르심에 어떻게 반응해야 합니까? 어떻게 해야 참된 제자의 삶을 살아갈 수 있습니까? 우리에게 필요한 것은 무엇입니까? 이 장에서는 본문의 말씀을 통해 제자의 삶의 모습이 어떠해야 하는지를 세 가지로 살펴보고자 합니다.

주님의 말씀에 순종하라

첫째는, 주님의 말씀에 순종해야 합니다. 무리와 제자의 삶의 차이는 무엇입니까? 주님의 말씀을 들었느냐, 듣지 않았느냐가 아닙니다. 무리도 주님의 말씀을 들었습니다. 참된 제자의 삶은, 주님의 말씀을 들을 뿐만 아니라 그 말씀에 순종하는 것입니다. 주님의 말씀을 들을 때는 모든 것이 좋습니다. 은혜롭고, 감동이 되고, 위로가 되고, 마음이 풀리거나 열리기도 합니다. 그러나 들은 말씀대로 순종하고자 할 때는 얼마나 많은 저항이 뒤따르는지 모릅니다. 수많은 대가 지불과 마음의 어려움을 이기고 말씀에 순종해야 할 때가 많습니다.

예수님께서 베드로를 부르시는 장면을 보십시오. 무리를 가르치고 나서 베드로 개인에게 말씀하십니다. 가장 먼저 하신 말씀이 바로 이것입니다.

"깊은 데로 가서 그물을 내려 고기를 잡으라"(눅 5:4).

베드로가 처음 들었던 주님의 음성입니다. 어떻게 보면 굉장히 멋있고 감동적인, 특별한 부르심처럼 느껴짐니다. 그러나 베드로의 입장에서 생각해 보십시오. 듣기에는 좋지만 순종하기에는 참 어려운 명령입니다. 우선, 시간적으로나 경험적으로만 보더라도 주님의 말씀에 순종하기란 거의 불가능한 일입니다. 당시 게네사렛 호수에서 그물질했던 어부들은 대부분 밤에 그물을 내렸다고 합니다. 왜냐하면 밤이 되어야 물고기들이 수면 가까이로 올라와 활동하기 때문에 그때 그물을 내려서 잡는 것입니다. 해가 뜨고 밝아지면 물고기들이 물 밑으로 깊이 숨어들 뿐 아니라 그물이 다 보여 이리저리 도망가 버리기 때문에 물고기를 잡을 수 없게 됩니다.

밤새도록 그물을 던졌음에도 한 마리의 물고기조차 잡지 못했는데 이미 해가 다 뜬 대낮에 예수님께서 말씀하십니다. 깊은 데로 가서 그물을 내리라는 것입니다. 시간적으로는 물론 경험적으로도 순종하기 어렵고, 무엇보다 체력적으로도 너무 힘들지 않겠습니까? 많이 지치고 힘들었을 것입니다. 밤새 노력했는데 물고기는 보이지 않고 빈 그물만 들어 올릴 때마다 얼마나 허탈했겠습니까? 얼마나 우울했겠습니까? 얼마나 허무하고 힘들었겠습니까? 또 가족들을 생각하면 얼마나 미안했겠습니까? 성경의 다른 구절을 보면 베드로의 장모의 열병을 예수님께서 고치셨다는 기록이 있습니다. 베드로에게 장모가 있었다는 것은 그가 결혼했다는 것입니다. 베드로에게는 책임져야 할 가족이 있었습니다.

밤에 그물을 내려 물고기를 잡아야 그 물고기를 팔아서 하루 벌이로 먹고살 수 있는데 밤새도록 한 마리도 잡지 못했으니 얼마나 초라한 인생입니까? 그런데 주님께서 그물을 씻고 지쳐 있는 영혼에게 다시 한 번 나가서 그물질을 하라고 하시니 순종하기가 만만치 않습니다. 다시 그물을 가져다가 배에 싣고 노를 저어 깊은 데까지 가는 것은 얼마나 고생스럽습니까? 그물을 내렸다가 들어 올리는 것은 또 얼마나 피곤합니까? 그런데 놀라운 것은, 베드로가 위대한 고백을 했다는 것입니다.

"밤이 새도록 수고하였으되 잡은 것이 없지마는 말씀에 의지하여 내가 그물을 내리리이다"(눅 5:5).

그럼에도 불구하고 주님의 말씀에 순종한 베드로를 보십시오. 주님께서 우리에게 어떤 말씀을 하십니까? 어떤 말씀을 들려주고 계십니까? 우리는 말씀을 듣는 것에서 끝내지 않고 어떤 말씀을 하시든 생각과 경험과 상황은 아니라 할지라도 주님께서 말씀하셨기 때문에 그 말씀대로 온전히 순종할 수 있어야 할 것입니다. 주님께서 말씀하셨기 때문에 기도하고, 주님께서 말씀하셨기 때문에 말씀을 가까이하고, 주님께서 말씀하셨기 때문에 헌신하고, 봉사하고, 사랑하고, 용서하고, 유혹을 이기고, 주의 뜻을 이루어 가는 것, 이것이 참된 제자의 삶을 살아가는 길입니다.

그런데 놀라운 것은, 주님의 말씀에 순종하는 것보다 더 큰 복이 없다는 사실입니다. 주님의 말씀에 순종할 때 하나님께서 예비하신 기적 같은 복을 맛보게 됩니다. 본문 6-7절을 보십시오. 가슴이 뛰는 말씀입니다.

"그렇게 하니 고기를 잡은 것이 심히 많아 그물이 찢어지는지라 이에 다른 배에 있는 동무들에게 손짓하여 와서 도와 달라 하니 그들이 와서 두 배에 채우매 잠기게 되었더라."

주님의 말씀대로 깊은 곳에 그물을 내렸더니 얼마나 많은 물고기가 잡혔는지 두 배가 가라앉을 정도로 가득 채워졌다는 것입니다. 주님은 제자를 부르는 이 시작부터 우리에게 말씀하고 계십니다. 주님의 말씀에 순종하는 인생은 손해를 보지 않습니다. 주님의 말씀에 순종하는 인생은 하나님께서 채워 주십니다. 주님의 말씀에 순종하는 인생은 하나님께서 복되게 인도해 주십니다. 삶에 최선을 다해 살아갈 때 우리의 차원, 우리 능력의 결실로서가 아니라 하늘의 차원, 하나님의 능력으로 우리의 삶을 채우고 복을 주신다는 것입니다. 주님의 말씀에 순종할 때 그러한 역사를 이루어 주신다는 것입니다.

그런데 이 정도 차원에 머무는 것만으로는 참된 제자의 삶이라고 말할 수 없습니다. 주님 앞에 순종해서 하나님의 복을 받는 것은 너무 귀한 일이지만, 주님께서는 우리의 필요를 다 아시기 때문입니다. 우리의 절박한 인생을 알고, 우리에게 무엇이 필요한지를 다 아시는 주님은 그 모든 것을 채우실 수 있습니다.

주님 앞에 엎드리라

그래서 우리는 그 차원을 넘어서는 두 번째 제자의 삶으로 들어가야 합니다. 바로 주님 앞에 엎드리는 것입니

다. 말씀에 의지해서 만선의 기쁨을 안고 베드로가 돌아
왔습니다. 이렇게 놀라운 기적을 경험하다니! 그런데 베
드로가 어떻게 행동합니까? 주님의 무릎 아래 엎드립니
다. 주님의 발 앞에 엎드렸다는 것입니다.

주님께 받은 축복 앞에 엎드리지 않고 주님 앞에 엎드
렸다는 것이 중요합니다. 우리는 주님께서 주신 축복이
아니라 주님 앞에 엎드려야 합니다. 잡은 물고기 앞에 무
릎 꿇는 인생이 아니라, 주님만 경배하고, 주님만 의지하
고, 주님만 바라보는 인생이 되어야 됩니다. 주님께서 주
신 축복이 얼마나 귀합니까? 그러나 베드로의 눈에는 주
님만 보였습니다. 주님의 거룩하심, 주님의 위대하심, 주
님의 그 영광 가운데 엎드러진 것입니다. 그래서 자신의
실체를 보게 된 것입니다.

"주여 나를 떠나소서 나는 죄인이로소이다"(눅 5:8).

이렇게 베드로는 주님의 영광스러운 광채, 주님의 하나
님 되심, 그분의 주인 됨 앞에서 자신은 죄인이기에 주님
과 함께할 수 없는 존재라는 연약한 고백, 낮아짐의 고백
을 하게 되었습니다.

우리는 기도함으로 주님의 말씀에 순종해서 응답을 받을 수 있습니다. 순종함으로 축복을 받을 수 있습니다. 순종을 통해 병 고침을 받을 수도 있고, 삶의 문제를 해결받을 수도 있고, 대단한 기적 같은 하나님의 역사하심을 체험할 수도 있습니다. 그러나 그 복이 우리 가슴을 채우는 것이 아니라, 그 복을 주신 주님이 우리 가슴을 채우실 때 우리 인생에 복이 되는 것입니다. 주님은 복을 주실 수도 있고 가져가실 수도 있습니다. 생사화복이 주님께 달려 있습니다. 주님이 우리를 부르셨기 때문에 우리 인생은 주님의 것입니다. 세상의 다른 것에 무릎 꿇지 말고 주님만 바라보십시오. 인생에 주님만 채우십시오. 그것이 참된 제자의 삶입니다.

몇 해 전 교역자 수련회를 진행하면서 기도의 시간을 가졌는데, 다른 무엇이 아니라 각자의 영혼을 위해 기도하자는 제목을 나누었습니다. 그러고는 모두가 하나님 앞에 목 놓아 통곡하면서 기도하게 되었습니다. 교역자로서, 목사로서, 전도사로서 혹은 직분자로서 감당해야 할 사명과 사역을 위한 기도가 아니라, 주님께 부름 받은 각자의 영혼을 붙잡고 하나님 앞에 기도하면서 깨닫게 된 것은, 이 기도를 얼마나 오랫동안 잊고 있었는지, 주님 앞에 너무나 부끄러웠습니다. 그러면서 회개가 나오기 시작했습니다.

'주님, 용서해 주옵소서. 다시금 나의 영혼을 새롭게 해 주옵소서. 나의 인생을 새롭게 해 주옵소서. 주여, 붙잡아 주옵소서. 주님만이, 예수 그리스도만이 나의 인생의 전부가 되게 하시고, 나의 몸과 마음과 영혼과 삶을 주님의 은혜로 채워 주옵소서.'

우리 마음이 주님으로 가득 차지 않을 때는 만족이 없습니다. 아무리 많은 것을 먹어도 영혼이 배부를 수 없고, 아무리 좋은 풍경을 보아도 영혼의 어두움을 해결할 수 없고, 세상의 많은 향락을 누려도 우리 삶의 영혼에 만족을 줄 수가 없습니다. 그러나 주님이 모든 것을 채워 주시면 그때부터 세상의 모든 것이 의미 있게 됩니다. 주님이 삶의 모든 것을 채워 주실 때, 우리 마음이 온통 예수 그리스도로 가득 찰 때, 그때 먹는 것이 의미 있고, 보이는 풍경마다 감사하게 되고, 삶을 살아가는 것이 다 은혜요, 감사요, 찬양임을 고백하게 됩니다. 정말 놀라운 하나님의 뜻을 이루면서 살아가게 되는 것입니다.

다른 것도 중요하지만, 하나님이 기뻐하시는 참된 제자의 삶은 주님 앞에 무릎 꿇는 것입니다. 당신의 영혼을 두고 주님 앞에 기도하며 몸부림치십시오. 당신의 삶이 예수 그리스도로만 채워지도록 기도하십시오. 우리는 예수 그리스도 앞에만 엎드려야 합니다. 주님께서 주신 축복에 시선을 빼앗기지 않고 오직 주 예수 그리스도, 우리를 부르신 주님께만 엎드리는 삶을 살아가야 합니다.

본문 마지막 절인 11절을 보면 참 감동적인 구절이 나옵니다.

"그들이 배들을 육지에 대고 모든 것을 버려두고 예수를 따르니라."

신앙의 클라이맥스는 하나님께 기도하고 말씀에 순종해서 복을 받았을 때가 아니라, 예수 그리스도만이 삶의 전부이기에 그 어떤 축복이라 할지라도 내려놓을 수 있는, 뒤로할 수 있는 바로 그때입니다. 모든 것을 버려둘 거였으면 물고기는 뭐 하러 잡았을까요? 그럼에도 불구하고 주님이 삶의 전부이기에 주님이 주신 복은 아무 의미가 없을 정도로 다 버리고 주님만 바라보게 되는 것입니다.

그렇다고 이것을 잘못 적용해서 직장을 때려치우거나

집안일을 내팽개치고 나 몰라라 해서는 안 됩니다. 이 말씀은 삶의 우선순위를 이야기하는 것입니다. 우리가 가진 것은 모두 주님이 주신 것입니다. 우리는 주님이 주신 것을 관리하면서 살아가는 청지기입니다. 그렇기에 예수님보다 앞서거나 예수님보다 주인의 위치에서 우리의 삶을 다스리는 것이 있어서는 안 됩니다. 나를 사랑하시는 주님, 내 삶의 형편을 채우고 가장 아름답게 인도하시는 주님 앞에만 엎드리고 주님이 주신 놀라운 축복들은 다 주님의 영광을 위해서만 쓰임 받도록 내어 드릴 수 있어야 합니다. 우리는 그렇게 주님만을 바라보는 삶을 살아야 합니다.

사명의 길을 걸으라

셋째는, 사명의 길을 가야 합니다. 예수님께서는 우리를 목적 없이 부르지 않으셨습니다. 주님은 인생을 향한 목적과 계획을 가지고 우리를 부르셨습니다. 본문 10절을 보십시오.

"이제 후로는 네가 사람을 취하리라."

같은 내용을 마태와 마가는 이렇게 기록합니다.

"내가 너희를 사람을 낚는 어부가 되게 하리라"(마 4:19).

"내가 너희로 사람을 낚는 어부가 되게 하리라"(막 1:17).

물고기를 잡는 것은 너무 중요한 일입니다. 그러나 물고기를 잡는 생존의 삶에 멈추어 있는 것이 아니라, 생존의 삶을 뛰어넘어 사람들을 취하고, 세우고, 사랑하고, 그들의 영혼을 구원하는 하늘의 차원, 하나님 나라와 하나님의 영광을 위해 쓰임 받는 그 놀라운 삶을 위해서 우리를 부르셨다는 것입니다. 하나님의 영광을 위해 영혼을 구원하고 세워 주님의 제자 삼는 이 놀라운 사명, 복음을 전하는 이 영광스러운 사명을 위해 우리를 불러 주셨다는 것에 감사하는 삶을 살아야 할 것입니다.

몇 해 전, 세계교육선교대회가 미국 풀러신학교와 교민 교회에서 있었습니다. 하나님의 은혜로 말씀을 전할 기회를 얻게 되었는데, 특별히 교육 선교에 몸담고 있는 많은 선교사님과 교제하면서 큰 도전과 감동을 받았습니다. 선교대회 기간 동안 교민 교회 성도들의 간증과 고백을 들을 기회가 있었는데, 모든 간증과 고백의 공통점이 있다면 영혼을 향한 사랑입니다. 영혼 구원을 위한 열정을 가지고 주님이 부르시는 땅이 해외였기에 그곳으로 가서 때로는 목사 선교사로서, 때로는 평신도 선교사로서 정말 귀한 사명을 감당한 것입니다.

우리를 해외로 부르셨든지, 일터로 부르셨든지, 아니면 삶의 자리인 가정으로 부르셨든지, 우리의 삶을 향한 주님의 계획이 있습니다. '사람을 취하리라.' 이것이 참된 제자의 삶입니다. 우리를 부르신 곳이 어디든, 그곳에서 영혼을 구원하는 삶을 살아가는 것입니다.

당신의 삶을 어디에 세우셨든지 가족과 이웃을 구원하고 지역 사회를 복음화하며, 더 나아가 이 민족과 세계 복음화를 위해 아름답게 쓰임 받는 성도가 되십시오. 무엇보다 주님의 부르심의 목적과 계획 가운데 합당한 삶을 살아가십시오. 그렇게 주님 앞에 큰 영광을 올려 드리는 그리스도의 참된 제자가 되기를 바랍니다.

성숙한 제자로 나아가는 법

1. 제자의 삶은 순종으로 시작된다

주님의 말씀에 순종하는 인생은 손해를 보지 않는다. 주님의 말씀에 순종하는 인생은 하나님께서 채워 주신다. 주님의 말씀에 순종하는 인생은 하나님께서 복되게 인도해 주신다.

2. 제자는 오직 주님께만 엎드린다

우리는 예수 그리스도 앞에만 엎드려야 한다. 주님께서 주신 축복에 시선을 빼앗기지 않고 오직 주 예수 그리스도, 우리를 부르신 주님께만 엎드리는 삶을 살아야 한다.

3. 제자는 사명의 길을 걸어야 한다

예수님께서는 우리를 목적 없이 부르지 않으셨다. 주님은 우리의 인생을 향한 분명한 목적과 계획을 가지고 우리를 부르셨다.

"이때에 예수께서 갈릴리로부터 요단 강에 이르러 요한에게 세례를 받으려 하시니 요한이 말려 이르되 내가 당신에게서 세례를 받아야 할 터인데 당신이 내게로 오시나이까 예수께서 대답하여 이르시되 이제 허락하라 우리가 이와 같이 하여 모든 의를 이루는 것이 합당하니라 하시니 이에 요한이 허락하는지라 예수께서 세례를 받으시고 곧 물에서 올라오실새 하늘이 열리고 하나님의 성령이 비둘기같이 내려 자기 위에 임하심을 보시더니 하늘로부터 소리가 있어 말씀하시되 이는 내 사랑하는 아들이요 내 기뻐하는 자라 하시니라"(마 3:13-17).

믿음으로 하늘 문을 열라

제자의 삶은 주님의 부르심으로부터 시작됩니다. 우리가 먼저 하나님을 사랑한 것이 아니라 하나님이 먼저 우리를 사랑하셨기 때문에 우리는 하나님의 은혜로 부름을 받았습니다. 그렇다면 이 하나님의 부르심에 우리는 어떻게 응답할 수 있습니까? 예수님을 나의 구주, 나의 하나님으로 영접하는 것입니다. 교회적으로 보면 예수님을 믿고 구원받을 뿐만 아니라 공동체 앞에서 신앙을 고백하는 것은 너무나도 중요합니다. 그러한 고백의 한 방법이 바로 세례입니다. 우리의 신앙의 삶, 제자의 삶은 이 세례 이후에 본격적으로 시작된다고 해도 과언이 아닐 만큼 굉장히 중요합니다.

예수님께서 승천하기 전에 우리에게 하신 말씀이 있습

니다. 그것이 무엇입니까?

"너희는 가서 모든 민족을 제자로 삼아 아버지와 아들과 성령의 이름으로 세례를 베풀고 내가 너희에게 분부한 모든 것을 가르쳐 지키게 하라 볼지어다 내가 세상 끝 날까지 너희와 항상 함께 있으리라"(마 28:19-20).

'가서 모든 민족을 제자로 삼아.' 예수님께서 제자들에게, 특별히 예수님을 믿는 우리에게 하신 이 말씀은 놀라운 축복의 명령입니다. 그렇다면 어떻게 제자를 삼을 수 있습니까? 본격적인 주님의 제자로서 살아갈 수 있는 첫걸음이 세례라는 것입니다. '아버지와 아들과 성령의 이름으로 세례를 베풀고.' 예수 그리스도를 믿는 고백을 가지고 살아가라고 말씀하시는 것입니다.

하지만 세례 받고 예수님을 사랑하는 믿음으로 살아간다고 해서 끝나는 것이 아닙니다. 세례 받은 것으로 만족하지 말고 '내가 너희에게 분부한 모든 것을 가르쳐 지키게 하라'고 말씀하십니다. 세례가 신앙의 시작이라 한다면, 이제는 계속해서 말씀 안에서 성장해 가야 하는 것입니다. 하나님의 말씀을 받고, 말씀을 지키기 위해 순종하고, 함께 양육과 훈련을 받고 성도의 교제를 나누면서 주신 사명을 감당하는 가운데 주님을 닮아 가는 이 놀라운 길로 들어서게 되는 것입니다.

세례 받는 것의 의미

본문에는 예수님께서 세례 받으시는 장면이 나옵니다. 그런데 이 장면은 단순히 예수님이 세례 받으실 때 어떤 일이 있었는지를 알려 주는 정도에서 지나칠 말씀이 아닙니다. 우리에게 주시는 메시지가 있습니다. 당시 예수님은 세례 받을 필요가 없으셨습니다. 하지만 우리가 걸어가야 할 길을 먼저 가기 위해 세례를 받으신 것입니다. 본문을 보면 세례 요한이 예수님께 이렇게 이야기합니다.

"내가 당신에게서 세례를 받아야 할 터인데 당신이 내게로 오시나이까"(마 3:14).

그러자 예수님께서는 "이제 허락하라 우리가 이와 같

이 하여 모든 의를 이루는 것이 합당하니라"(마 3:15)라고 말씀하십니다. 예수님이 받으시려고 한 요한의 세례는 회개의 세례였습니다. 그 당시 죄를 범한 사람은 그 죄를 씻기 위해서, 회개하기 위해서 세례를 받았습니다. 그런데 예수님은 죄가 없으십니다. 이는 회개하실 것이 없다는 말입니다. 그런데도 세례를 받으셨습니다. 왜입니까? '모든 의를 이루기 위해서' 받으셨습니다. 그렇다면 '모든 의'란 무엇입니까? 이는 하나님의 의, 곧 하나님의 뜻을 이루는 것입니다.

이 땅을 향한 하나님의 뜻이 무엇입니까? 우리 인생을 향한 하나님의 뜻이 무엇입니까? 죽어 가는 수많은 영혼이 구원받아 하나님의 자녀가 되고 영원한 생명을 얻는 것입니다. 모든 인간이 예수님을 믿고 구원받는 것이 하나님의 뜻인데, 이 뜻을 이루기 위해서 세례를 받아야 한다고 말씀하시는 것입니다. 예수님이 받으신 세례는 예수님의 세례로 끝난 것이 아니라, 우리의 세례를 먼저 보여 주고 계시는 것입니다.

세례만이 아닙니다. 예수님의 모든 삶이 그러했습니다. 그리고 이는 예수님만 그런 삶을 사신 것이 아니라, 예수님을 따라가는 성도와 제자들도 그 삶을 따라가야 한다고 말씀하시는 것입니다. 십자가를 지신 것이 그렇습니다. 예수님께서 십자가를 지셨다는 것을 아는 것으로 끝나는 것이 아니라, 주님을 따라가는 우리의 인생 속에 각자가 져야 할 십자가가 있음을 알아야 한다는 것입니다. 그래서 주님은 "아무든지 나를 따라오려거든 자기를 부인하고 날마다 제 십자가를 지고 나를 따를 것이니라"(눅 9:23)라고 말씀하신 것입니다. 주님께서 가신 그 길을 우리도 가는 것입니다.

그렇다고 우리가 고난의 길만 가는 것은 아닙니다. 놀라운 것은, 주님이 누리셨던 은혜와 능력과 역사가 다 우리의 역사요, 우리의 은혜요, 우리에게 주신 축복이라는 것입니다. 부활을 보십시오. 예수님께서 부활하신 것처럼 우리도 부활하게 될 것입니다. 우리 인생의 끝은 죽음이 아닙니다. 예수님께서 부활의 첫 열매가 되셨듯이, 주님을 믿고 따르는 성도들 또한 죽은 후에는 다시 살게 될 것입니다. 우리가 장례식장에서 슬픔 가운데서도 천국의 소망을 가지고 주님을 찬양할 수 있는 이유는 사망이 끝이 아니기 때문에, 천국의 소망과 영원한 생명을 주셨기 때문입니다.

세례 받을 때 나타나는 현상들

그러면 예수님께서 세례 받으실 때 어떤 일이 일어났습니까? 이 일은 예수님께만 일어난 것이 아니라 우리의 삶속에 동일하게 나타나는 것입니다.

성령이 비둘기같이 임하다

첫째, 하늘이 열리고 하나님의 성령이 비둘기같이 임하셨습니다.

"예수께서 세례를 받으시고 곧 물에서 올라오실새 하늘이 열리고 하나님의 성령이 비둘기같이 내려 자기 위에 임하심을 보시더니"(마 3:16).

예수님께서 하늘이 열리는 것을 보신 것처럼 우리 인생에도 하늘이 열리는 것을 믿으십시오. 우리는 이 땅의 힘과 능력으로 살아가는 것이 아닙니다. 예수 그리스도를 믿는 자들은 하나님께로 나아가는 것입니다. 하나님과교통하는, 하늘이 열려 있는 인생을 살아가는 것입니다. 예수 그리스도의 복음을 위해서 살았던 인물들은 다 하늘 문이 열린 인생이었습니다. 사도행전 7장을 보면 박해 가운데서도 복음을 전했던 스데반이 나옵니다. 그는 박해를 받던 중 열려 있는 하늘 속에서 하나님의 영광을 보았고, 하나님 보좌 우편에 서 계신 예수 그리스도를 보았습니다. 이처럼 우리 인생 가운데도 하늘이 열리는 것입니다.

우리 기도의 응답은 어디에서부터 옵니까? 우리 안에 있는 세상의 것들이 아닌, 하늘로부터 주의 응답이 임하는 것입니다. 우리가 기도할 때 하늘로부터 임하는 은혜, 하늘로부터 임하는 축복, 하늘로부터 임하는 하나님의 능력이 있음을 기억하십시오.

성령의 임하심도 마찬가지입니다. 예수님에게만 임하는 것이 아니라, 우리의 삶에도 성령이 임하십니다. 그 현상이나 체험은 다를 수 있습니다. 우리의 형편 또한 다를 수 있습니다. 그러나 성령은 우리 가운데 임재하십니다. 사도행전 2장을 보십시오. 제자들이 다락방에서 기도할 때 그들에게 성령이 임했습니다.

"홀연히 하늘로부터 급하고 강한 바람 같은 소리가 있어
그들이 앉은 온 집에 가득하며 마치 불의 혀처럼 갈라지

는 것들이 그들에게 보여 각 사람 위에 하나씩 임하여 있더니"(행 2:2-3).

우리가 드리는 예배의 자리에도 성령님께서 함께하십니다. 예수 그리스도를 주로 고백한 심령 안에 이미 내주하셔서 우리를 인도하고, 역사하고 계십니다.

하나님의 음성이 들리다

둘째, 하늘로부터 들리는 소리가 있었습니다.

"하늘로부터 소리가 있어 말씀하시되"(마 3:17상).

하늘로부터 소리가 들렸다는 것은 하나님의 음성이 들렸다는 것입니다. 다시 말하면, 하나님의 말씀이 임했다는 것입니다.

하나님의 말씀은 우리의 삶을 소생하게 합니다. 그렇기에 하나님의 음성은 너무나도 중요합니다. 이는 세상의 소리나 세상의 음성이 아닙니다. 수많은 성도의 간증을 들어 보십시오. 그들 인생의 터닝 포인트가 되었던 순간, 곧 그들의 삶이 바뀌고 죄를 회개하게 되는 계기는 언제나 하나님의 음성을 들었던 때임을 알 수 있습니다. 하나님의 말씀이 심령 가운데 부딪쳐 올 때 마음이 뒤집어지는 것입니다. 그럴 때 회심하고 주님 앞으로 나아오게 되는 것입니다. 하나님의 말씀이 인생 가운데 다가올 때 하나님을 경배하고 예배하게 되는 것입니다. 하나님의 말씀은 소리로 끝나지 않습니다. 하나님의 말씀은 그 자체로 영적인 능력이 됩니다. 우리는 이 말씀을 붙잡고 살아가야 합니다.

다시 말하지만, 예수님께만 하늘 문이 열리고 예수님께만 성령이 임해서 예수님만 하나님의 음성을 들으셨던 것이 아닙니다. 주님의 제자로 살아가는 우리 또한 삶 속에서 하나님의 음성을 들을 수 있습니다. 하나님이 그렇게 말씀하고 계십니다. 모든 성도는 하나님의 음성을 들을 수 있고, 모든 성도는 반드시 하나님의 음성을 들어야 합니다.

그렇다면 그 음성이란 무엇입니까? 어떤 사람은 하나님의 음성을 오해하거나 이상하게 생각하기도 합니다. 하지만 그렇지 않습니다. 하나님의 음성은 신비적인 것이 아니라 귀한 것입니다. 얼마나 귀하면 사탄이 그것을 왜곡시키려 하겠습니까! 우리가 반드시 들어야 하는 음성이 무엇인지를 본문 마지막 절이 기록하고 있습니다.

"이는 내 사랑하는 아들이요 내 기뻐하는 자라"(마 3:17하).

하나님의 사랑의 음성을 들으십시오. 하나님께서 예수님에게 하신 말씀입니다. 그러나 이것은 예수님에게만 하신 말씀이 아닙니다. 우리에게 동일하게 들려주시는 말씀입니다.

어떤 사람은 이렇게 생각할 수도 있을 것입니다. "'내가 너를 사랑하고 기뻐한다'고 하시는 말씀은 예수님에게만 해당할 뿐, 나에게 주시는 음성은 아닐 거야. 예수님께는 사랑한다고 말씀하시지만 나에게는 미워한다고 말씀하시는 것 같아. 예수님께는 기뻐한다고 말씀하시지만 나에게는 너를 버렸다고 말씀하시는 것 같아. 너에게 실망했다, 너를 포기한다, 너에게 관심이 없다고 말씀하시는 것 같아." 아닙니다. 그것은 세상의 음성이요, 사탄의 속임입니다. 그것은 하나님의 메시지가 아닙니다. 성도의 삶 속에 반드시 확신해야 하는 메시지가 있다면 '하나님이 나를 사랑하신다'는 것입니다. 우리는 이 확신을 가지고 살아가야 합니다.

그렇다면 하나님은 왜 수많은 음성 중에 예수님과 우리에게 이 사랑의 음성을 들려주시는 것일까요? 첫째는, 우리를 진짜 사랑하시기 때문입니다. 생각해 보십시오. 하나님은 거짓이 없으신 분입니다. 하나님은 진실하신 분입니다. 사랑한다고 하실 때는 사랑이 있기 때문에 말씀하시는 것입니다. 예수님의 공생애 가장 초기에 이 말씀을 하신 이유 또한 우리를 향한 가장 먼저 된 마음이 사랑이기 때문입니다.

본문 17절을 통해 알 수 있듯이, 하나님은 독생자 예수님을 너무나도 사랑하십니다. 그렇다면 우리를 사랑하신다는 사실은 어떻게 알 수 있습니까? 그 절정이 바로 십자가입니다. 우리는 십자가 안에서 하나님의 사랑을 알 수 있습니다. 우리를 얼마나 사랑하시는지, 당신의 사랑하는 아들이요, 기뻐하는 자라고 말씀하신 독생자 예수님을 우리를 대신해서 희생시키셨습니다. 우리를 너무나도 사랑하시기 때문에 하나뿐인 아들을 십자가에 매달려 죽게 하신 것입니다. 우리를 얻기 위해서, 우리를 살리기 위해서, 우리를 사랑하기 때문에 독생자 예수님이 피 흘려 대신 죽으신 것입니다. 그래서 우리는 십자가를 볼 때마다 하나님의 사랑에 감격하고, 예배를 드릴 때마다 하나님의 사랑에 가슴이 벅찬 것입니다. 우리가 무엇이라고 이 같은 죄인을 사랑하시는지, 하나님의 은혜와 사랑에 감격하지 않을 수가 없는 것입니다.

하나님이 사랑의 음성을 들려주신 또 다른 이유가 있다면, 우리가 세상을 살아갈 때 필요한 음성이 무엇인지를 아시기 때문입니다. 우리가 세상을 살아갈 때 필요하다고 생각하는 것들은 대개 건강, 물질, 부, 명예 또는 세상의 성공과 같은 것입니다. 그러나 우리에게 정말 필요한 것은 하나님의 사랑입니다. 하나님은 그것을 잘 아시기 때문에 우리에게 사랑의 음성을 들려주시는 것입니다.

왜 우리에게 하나님의 사랑이 필요합니까? 하나님의 사랑 안에 모든 것이 담겨 있기 때문입니다. 하나님의 사랑 안에 응답이 있고, 하나님의 사랑 안에 소망이 있고, 하나님의 사랑 안에 능력이 있습니다. 하나님의 사랑을 경험하면 하나님의 모든 능력이 그 사랑을 타고 우리 가운데 부어지는 것입니다.

우리에게 있는 확신들을 떠올려 보십시오. '하나님이 우리의 예배를 받으실 거야. 하나님이 책임져 주실 거야. 하나님이 도와주실 거야. 어려운 일을 만났지만 하나님께서 전화위복시키실 거야. 합력해서 선을 이루실 거야.' 이러한 생각의 뿌리에는 하나님의 사랑에 대한 확신이 있습니다. 그렇기에 하나님의 사랑에 대한 확신이 흔들리면 모든 것이 흔들릴 수밖에 없습니다. 그러면 인생 자체의 힘을 잃어버리게 됩니다. 그러나 하나님의 사랑을 확신하면 그 사랑 가운데서 승리하게 되는 것입니다.

다윗을 생각해 보십시오. 우리는 다윗의 화려한 인생만을 생각할 수 있습니다. 이스라엘의 왕이었고, 하나님의 마음에 맞는 자였고, 놀라운 승리 역사를 이루었던 인물이기 때문입니다. 그러나 다윗의 삶을 보면 고난이 많았습니다. 어린 시절에는 부모와 형제로부터 사랑과 인정을 받지 못했고, 대적이 많았으며, 인생 말년에는 아들 압살롬에게 죽음의 위협을 당하기도 했습니다. 하지만 그가 지은 시를 보십시오.

"내 부모는 나를 버렸으나 여호와는 나를 영접하시리이다"(시 27:10).

그는 부모의 사랑을 받지 못했지만 그에게는 사랑의 결핍이 없었습니다. 왜입니까? 하나님의 사랑을 경험하고 그 사랑을 확신했기 때문입니다. 하나님의 사랑이 부어져 그 확신 가운데 승리할 수 있었다는 것입니다.

우리 인생에 있어 하나님의 사랑은 중요합니다. 이 사랑은 변하지 않는 사랑입니다. 실패가 없는 사랑입니다. 아니, 실패해도 변하지 않는 것입니다. 우리의 고난과 고통을 이기는 비결은 영원하신 하나님의 사랑에 있습니다. 일시적인 고난과 어려움 및 문제와 아픔, 때로는 낙망하고 때로는 절망하고 때로는 쓰러져서 일어날 힘이 없을지라도 우리를 일으키는 것은 하나님의 신실하신 사랑입니다. 그 사랑이 우리와 함께하고 있습니다. 바울의 고백처럼, 무슨 일을 만나든지 하나님의 사랑으로 늘 승리하는 인생을 살아가십시오.

"그러나 이 모든 일에 우리를 사랑하시는 이로 말미암아 우리가 넉넉히 이기느니라 내가 확신하노니 사망이나 생명이나 천사들이나 권세자들이나 현재 일이나 장래 일이나 능력이나 높음이나 깊음이나 다른 어떤 피조물이라도 우리를 우리 주 그리스도 예수 안에 있는 하나님의 사랑에서 끊을 수 없으리라"(롬 8:37-39).

바울에게는 확신이 있었습니다. 어떤 확신입니까? 사망이든 생명이든 그 어떤 것도 하나님의 사랑에서 끊을 수가 없다는 것입니다. 하나님의 사랑은 결코 끊어지지 않는다는 것입니다. 우리도 이러한 확신을 가지고 살아가야 합니다. 이 사랑에 대한 확신이 우리를 승리하게 합니다. 이 놀라운 사랑이 우리를 힘 있게 합니다. 이 사랑의 은혜와 축복에 대한 확신을 굳게 붙잡고 흔들리지 않는 믿음으로 살아가십시오.

성령의 은혜를 사모하라

하나님의 사랑을 확신하며 살아가기 위해서는 성령의 은혜를 사모해야 합니다. 그리고 성령의 은혜의 자리에 동참해야 합니다. 본문을 보십시오. 어떻게 하나님의 사랑의 음성이 들렸습니까? 성령이 임할 때 사랑의 음성이 들렸습니다. 성령이 충만한 자리에 하나님의 사랑이 부어지는 것입니다. 로마서 5장 5절을 보십시오.

"소망이 우리를 부끄럽게 하지 아니함은 우리에게 주신
성령으로 말미암아 하나님의 사랑이 우리 마음에 부은바
됨이니."

하나님의 사랑이 무엇을 통해서 우리 마음에 부어졌
습니까? '우리에게 주신 성령으로 말미암아' 부어졌습
니다. 성령이 충만히 임하시는 자리에서는 하나님의 사
랑을 누립니다. 성령이 충만히 역사하시는 그 은혜의 현
장에서는 하나님의 사랑을 체험하게 됩니다. 하나님께
서 나를 사랑하시는구나 하는 확신이 들게 되는 것입
니다.

그 은혜의 자리가 어디입니까? 기도의 자리입니다. 기
도하다 보면 기도의 응답도 받고 축복도 받지만, 하나님
이 나를 얼마나 사랑하시는지를 깨닫게 됩니다. 기도뿐
만이 아닙니다. 하나님의 말씀을 가까이하다 보면 하나
님의 사랑을 느끼게 됩니다. 생각해 보십시오. 우리는 약
속의 백성입니다. 구약과 신약에 기록되어 있는 하나님
의 약속이 무엇입니까? 말씀을 가까이할 때 우리를 사랑
해 주신다는 것입니다. 말씀을 가까이할 때 하나님의 사
랑에 확신을 갖게 되는 것입니다.

예배의 자리도 마찬가지입니다. 예배의 자리를 사모하십시오. 예배 가운데 하늘로부터 부어지는 은혜가 있습니다. 말씀을 들을 때, 찬양할 때 사랑의 확신을 얻게 됩니다. 무엇보다 성도 간의 사랑의 교제 안에서 하나님이 우리를 얼마나 사랑하시는지를 알게 됩니다. 공동체 안에서 받게 되는 격려와 위로를 통해 우리를 포기하지 않고 사랑하시는 하나님을 느끼게 되는 것입니다. 요한일서 4장 12절을 보십시오.

"어느 때나 하나님을 본 사람이 없으되 만일 우리가 서로 사랑하면 하나님이 우리 안에 거하시고 그의 사랑이 우리 안에 온전히 이루어지느니라."

교제의 자리, 은혜의 자리로 나아가십시오. 초대 교회와 같이 함께 교제하고, 사랑을 나누고, 말씀으로 훈련받고 양육하며 하나님의 사명을 감당하다 보면 서로가 서로를 사랑하고 격려하는 가운데 하나님의 사랑을 확신하게 됩니다. 하나님의 사랑이 부어지는 것입니다. 그러니 교제의 자리, 은혜의 자리, 하나님의 풍성하신 사랑의 자리로 나아가십시오. 사랑 안에 모든 능력이 있습니다. 하

나님의 놀라운 사랑의 확신을 가지고 아름답게 승리하는
인생을 살아가십시오.

성숙한 제자로 나아가는 법

1. 제자는 주님이 가신 길을 따라야 한다

주님은 "아무든지 나를 따라오려거든 자기를 부인하고 날마다 제 십자가를 지고 나를 따를 것이니라"(눅 9:23)라고 말씀하신다. 주님께서 가신 그 길을 우리도 십자가를 지고 가야 한다.

2. 제자의 삶에는 하늘 문이 열린다

우리는 이 땅의 힘과 능력으로 살아가는 것이 아니다. 예수 그리스도를 믿는 자들은 하나님께로 나아가 하나님과 교통하는, 하늘이 열려 있는 인생을 살아가게 된다.

3. 제자는 성령의 은혜를 사모한다

성령이 충만히 임하시는 자리에서는 하나님의 사랑을 누리게 된다. 성령이 충만히 역사하시는 그 은혜의 현장에서는 하나님의 사랑을 체험하게 된다. 하나님의 사랑을 확신하게 된다.

"또 그들에게 이르시되 내가 진실로 너희에게 이르노니 여기 서 있는 사람 중에는 죽기 전에 하나님의 나라가 권능으로 임하는 것을 볼 자들도 있느니라 하시니라 엿새 후에 예수께서 베드로와 야고보와 요한을 데리시고 따로 높은 산에 올라가셨더니 그들 앞에서 변형되사 그 옷이 광채가 나며 세상에서 빨래하는 자가 그렇게 희게 할 수 없을 만큼 매우 희어졌더라 이에 엘리야가 모세와 함께 그들에게 나타나 예수와 더불어 말하거늘 베드로가 예수께 고하되 랍비여 우리가 여기 있는 것이 좋사오니 우리가 초막 셋을 짓되 하나는 주를 위하여, 하나는 모세를 위하여, 하나는 엘리야를 위하여 하사이다 하니 이는 그들이 몹시 무서워하므로 그가 무슨 말을 할지 알지 못함이더라 마침 구름이 와서 그들을 덮으며 구름 속에서 소리가 나되 이는 내 사랑하는 아들이니 너희는 그의 말을 들으라 하는지라 문득 둘러보니 아무도 보이지 아니하고 오직 예수와 자기들뿐이었더라"(막 9:1-8).

하나님 나라를 꿈꾸라

하나님께서는 우리를 은혜 가운데 부르셨습니다. 우리는 그 부르심을 따라 이 땅에서 살아가고 있습니다. 살아가면서 많은 확신이 필요하지만, 그중에서도 반드시 놓치지 말아야 할 것이 있다면 하나님이 우리를 사랑하신다는 확신입니다.

하나님의 부르심은 참으로 중요합니다. 하나님의 사랑을 확신하는 것 또한 마찬가지입니다. 그러나 그럼에도 불구하고 하나님이 주시는 비전이 없다면 우리 인생은 방황할 수밖에 없습니다. 사실 하나님께서 우리를 부르실 때는 이미 비전을 가지고 부르시는 것입니다. 그냥 대충 부르는 것이 아니라 당신의 계획과 꿈을 가지고 부르시는 것입니다.

믿음의 조상이라 일컬어지는 아브라함을 보십시오. 하나님께서 그를 부르시는 장면이 창세기 12장에 기록되어 있습니다.

"여호와께서 아브람에게 이르시되 너는 너의 고향과 친척과 아버지의 집을 떠나 내가 네게 보여 줄 땅으로 가라 내가 너로 큰 민족을 이루고 네게 복을 주어 네 이름을 창대하게 하리니 너는 복이 될지라"(창 12:1-2).

하나님께서 아브라함을 부르실 때 떠남에 대해서만 말씀하신 것이 아닙니다. 당신의 비전을 보여 주셨습니다. 비전인 땅을 보여 주고 가나안에 들어가게 하신 것입니다. 복이 되게 하겠다고, 많은 후손을 허락하겠다고 하면서 당신의 비전을 이루어 가신 것입니다.

하나님께서 약속하신 비전의 성취가 창세기 21장에 기록되어 있습니다. 아브라함과 사라에게 약속하신 대로 자녀인 이삭을 주신 것입니다. 이삭이라는 이름의 뜻은 '웃음'입니다. 하나님은 우리를 웃게 하는 분이십니다. 자녀에 대한 약속을 주고 그 비전을 이루어 감으로 말미암아 우리 삶에 참된 기쁨과 희락과 웃음을 주신다는 것입니다.

성령의 사람도 마찬가지입니다. 사실 우리가 예수님을 믿는다는 것은 이미 우리가 성령의 사람이라는 것입니다. 성령이 우리 안에 내주하고 계십니다. 성령이 우리와 함께하고 계십니다. 성령이 역사하시는 특징이 무엇입니까? 요엘 2장과 사도행전 2장에 기록된 말씀을 보십시오.

"그 후에 내가 내 영을 만민에게 부어 주리니 너희 자녀들이 장래 일을 말할 것이며 너희 늙은이는 꿈을 꾸며 너희 젊은이는 이상을 볼 것이며"(욜 2:28).

"하나님이 말씀하시기를 말세에 내가 내 영을 모든 육체에 부어 주리니 너희의 자녀들은 예언할 것이요 너희의 젊은이들은 환상을 보고 너희의 늙은이들은 꿈을 꾸리라"(행 2:17).

성령의 사람은 꿈을 꾸고 환상을 보게 된다는 것입니다. 세상의 비전이나 꿈이 아니라, 누구든지 주의 이름을 부르는 자는 구원을 받는다는 비전, 이 하나님 나라의 비전을 보고 꿈을 꾸며 그것을 이루기 위해 살아가게 된다는 것입니다. 당신에게는 어떤 비전이 있습니까? 당신은 어떤 꿈과 비전을 향해서 나아가고 있습니까? 사랑으로 부르신 하나님의 비전을 당신은 잘 붙잡은 채 살아가고 있습니까?

본문에는 예수님께서 베드로와 야고보와 요한을 데리고 높은 산에 올라갔다가 변화되신 놀라운 사건이 기록되어 있습니다. 우리는 이 내용을 보통 '변화 산상에서의 사건'이라고 이야기합니다. 그렇다면 예수님은 왜 이 사건을 세 제자에게 보여 주셨을까요? 그리고 왜 이 내용을 성경에 기록하게 해 우리로 하여금 알게 하신 것일까요?

우선, 예수님이 왜 세 제자만 데려가셨는지를 살펴볼 필요가 있습니다. 예수님은 공생애 기간 동안 열두 제자를 비롯한 많은 사람에게 하나님 나라의 일을 말씀하셨습니다. 하지만 깊은 영적인 메시지를 가르칠 때는 베드로와 야고보와 요한, 소위 당신의 수제자를 대동하셨던 것을 보게 됩니다. 죽어 있는 야이로의 딸을 살리실 때, 십자가를 지기 전 겟세마네 동산에서 기도하실 때에도 베드로와 야고보와 요한을 데리고 가서 '너희도 나와 함께 깨어 있으라'며 기도를 부탁하셨습니다.

예수님과 함께 변화 산에 오른 베드로와 야고보와 요한은 그곳에서 놀라운 광경을 목격했습니다. 예수님은 변형되시어 그 옷에서 광채가 났고, 모세와 엘리야가 등장해 예수님과 대화를 나누기 시작했습니다. 그러다 구름 속에서 음성이 들린 후에 보니 모세와 엘리야는 사라지고 오직 예수님과 자신들만 남게 되었습니다.

예수님은 이 사건을 왜 제자들로 하여금 경험하게 하셨을까요? 왜 이것을 보게 하셨을까요? 이유는, 그들에게 하나님 나라의 비전을 심어 주시기 위해서였습니다. 세상을 살아가면서 하나님 나라를 붙잡고 살게 하기 위해 이 꿈을 주신 것입니다. 본문 1절을 보십시오. 예수님께서 제자들과 무리에게 이렇게 말씀하십니다.

"내가 진실로 너희에게 이르노니 여기 서 있는 사람 중에는 죽기 전에 하나님의 나라가 권능으로 임하는 것을 볼 자들도 있느니라."

변화 산상에서 이루어진 모든 일은 하나님 나라, 곧 천국의 모습을 보여 주는 것입니다. 예수님이 흰옷으로 변형되신 것은 요한계시록에서 하나님 나라가 완성될 때, 천국이 임할 때 보이는 예수님의 모습이 아닙니까? 모세와 엘리야도 마찬가지입니다. 모세와 엘리야가 어디에 있습니까? 천국에 있습니다. 이는 천국에서 이루어지는 교제와 사귐과 나눔을 보여 주는 것입니다.

사실 예수님은 하나님 나라를 위해서 살아가셨습니다. 예수 그리스도의 복음의 핵심 자체가 하나님 나라의 복음입니다. 예수님께서 공생애를 시작할 때 가장 먼저 외치셨던 메시지가 무엇입니까? "회개하라 천국이 가까이 왔느니라"(마 4:17)입니다. 회개하는 자에게는 천국, 곧 하나님 나라가 가까울 것을 말씀하신 것입니다. 예수님의 모든 메시지가 그러했듯 우리가 전해야 할 복음의 메시지도 동일합니다.

예수님의 그 많은 비유는 모두 하나님 나라에 관한 것이었습니다. 겨자씨 비유, 부자와 나사로의 비유, 누룩의 비유, 열 처녀의 비유 등, 하나님 나라를 꿈꾸고 준비하면서 살아가야 하는 메시지로 가득했습니다. 그런데 본문의 사건이 강력한 이유는, 하나님 나라에 대해서 말씀만 하신 것이 아니라 보여 주셨다는 것입니다. 그들의 눈을 열어 비전을 보게 하셨다는 것입니다. 그들이 직접 체험하게 하셨다는 것입니다. 왜입니까? 그들의 심령 가운데 하나님 나라의 비전을 심어 주시기 위해서입니다.

그렇다면 하나님 나라의 비전이 왜 그렇게 중요합니까? 이는 하나님의 권능을 주시기 위해서입니다. 하나님 나라의 비전이 없으면 우리는 이 땅에서 힘없이 살아갈 수밖에 없습니다. 세상 나라에 휩쓸려 살아갈 수밖에 없는 것입니다. 하나님 나라를 본다는 것, 하나님 나라가 임한다는 것은 그냥 나라가 임하는 것으로 끝나는 것이 아니라 하나님 나라가 권능으로 임하는 것을 보게 되는 것입니다. 우리는 세상을 살아갈 때 하나님의 권능이 필요합니다. 회복이든, 치유든, 변화든, 소망이든 하나님의 권능이 필요한데, 하나님 나라를 보거나 경험하지 않고는 그 권능을 얻을 길이 없습니다. 그래서 제자들에게 하나님 나라를 보여 주면서 이 권능을 체험하게 하시는 것입니다. 우리 또한 제자들처럼 예배 가운데 그리고 매일의 삶 속에서 하나님의 권능을 체험할 수 있어야 할 것입니다.

그러면 하나님 나라의 특징은 무엇입니까? 본문을 통해서 세 가지를 살펴보고자 합니다.

실재하는 나라

첫째, 하나님 나라는 상상 속의 나라가 아니라 실재하는 나라입니다. 하나님 나라는 실재하는 나라일 뿐 아니라 본질적인 나라입니다. 본문에 보면 예수님께서 변형되셨습니다. 변형되었다는 것은 몸이 바뀌었다는 것입니다. 그런데 이 변형되었다는 것을 헬라어 원문에서는 '메테모르포데'(μετεμορφώθη)라는 단어로 표현하고 있습니다. 이는 그냥 바뀌었다는 의미가 아니라, '감추어졌던 본질이 드러났다'는 의미입니다. 그러니까 예수님 안에 있던 신성은 없던 것이 생긴 것이 아니라, 원래부터 가지고 계셨던 것입니다.

예수님은 하나님이십니다. 따라서 그분은 하나님의 영광을 가지고 계십니다. 독생자의 영광, 곧 은혜와 진리가 충만한 예수 그리스도가 나타나신 것입니다. 육신에 감추어져 있어 인간의 눈으로는 볼 수 없는 하나님의 영광이 드러난 것입니다. 원래 있었던 그 본질적인 영광이 드러난 것입니다. 그 영광을 보고 베드로와 야고보와 요한이 거꾸러졌습니다. 한마디로 은혜를 받은 것입니다. 예수 그리스도의 독생자의 영광, 은혜가 충만한 그 영광을

보고 은혜 가운데 완전히 거꾸러진 것입니다. 이때 베드
로가 이야기합니다. 사실 그는 자기가 무슨 말을 하는지
도 잘 모릅니다.

"베드로가 예수께 고하되 랍비여 우리가 여기 있는 것이
좋사오니 우리가 초막 셋을 짓되 하나는 주를 위하여, 하
나는 모세를 위하여, 하나는 엘리야를 위하여 하사이다
하니"(막 9:5).

우리는 베드로의 이 이야기를 부정적인 표현에 빗대
어 이야기할 때가 있습니다. 현실을 도피하고자 하는 마
음을 앞세워 이야기한 것으로 여길 때가 있습니다. 하지
만 그렇지 않습니다. 생각해 보십시오. 천국에 더 머물
고 싶지 않은 사람이 누가 있겠습니까? 예수 그리스도
의 영광 앞에서 떠나고 싶은 사람이 누가 있겠습니까?
그 영광을 경험했다면 그 자리에 머물고 싶은 것은 당연
할 것입니다.

사실 이것은 베드로를 책망할 문제가 아닙니다. 예수님
도 그를 책망하지 않으셨습니다. 그만큼 하나님 나라가
찬란하고 황홀하다는 것입니다. 하나님 나라는 눈물도

없고, 슬픔도 없고, 절망도 없고, 염려도 없고, 지루함도 없는 황홀한 나라입니다. 제자들은 그것을 경험한 것입니다. 하나님께서 그것을 보여 주신 것입니다. 예수님께서는 그 메시지를 주시는 것입니다. 우리 눈에는 세상 나라가 분명하게 보입니다. 그러나 주님은 하나님 나라의 비전을 열어 주면서 하나님 나라가 본질임을, 하나님 나라가 존재함을, 무엇보다 하나님 나라가 진짜임을 말씀하시는 것입니다.

사실 세상 나라가 우리 눈에 선명하게 보인다 할지라도 그 나라는 가짜입니다. 헛된 것입니다. 지나가고 무너지는 나라입니다. 주님은 "너의 눈으로 보는 것이 다가 아니다"라고 말씀하시는 것입니다. 사실 세상 것이 얼마나 선명합니까? 돈과 권력, 성공과 유혹이 얼마나 분명하고 선명합니까? 그러나 우리 육신으로 보는 그것이 다가 아니라고 말씀하시는 것입니다. 믿음의 눈을 열고 보면 하나님이 주신 비전이 있다는 것입니다. 하나님 나라는 실재하고 영원하다는 것을 말씀하시는 것입니다.

세상 나라에만 살다 보면 절망하거나 실망하거나 좌절하거나 염려할 수밖에 없습니다. 무너질 수밖에 없습니다. 그때마다 하나님 나라의 꿈을 잡으라는 것입니다. 천국의 소망을 가지고 천국을 붙잡고 살아가라고 말씀하시는 것입니다. 우리는 천국을 향한 분명한 확신을 가지고 하나님 나라를 살아갈 수 있어야 합니다. 세상 나라는 다 무너지는 것입니다. 세상 나라는 다 지나가는 것입니다. 영원한 것은 하나님 나라뿐입니다.

우리가 이루어 가는 나라

둘째, 하나님 나라는 우리가 살아가며 이루어 가는 나라입니다. 하나님 나라는 사실 앞으로 완성될 것이지만 이미 시작되었습니다. "회개하라 천국이 가까이 왔느니라"(마 4:17). 회개하고 예수 그리스도를 자신의 구주로, 하나님으로 영접한 인생은 이미 하나님 나라가 삶 가운데 임한 것입니다.

하나님 나라는 하나님이 다스리고 통치하시는 세계입니다. 하나님이 우리의 삶을 다스리고 계시다면 우리의 마음속에, 삶 속에 이미 하나님 나라가 임한 것입니다. 그러나 하나님 나라는 계속해서 확장되어 가고 있습니다. 우리의 삶 속에서도 동일하게 확장되어 가고 있습니다.

우리의 가정 안에 하나님의 다스리심이 있다면, 가정 안에 하나님 나라가 확장되어 가고 있는 것입니다. 우리가 다니는 직장 안에 하나님의 다스리심이 있다면, 직장 안에 하나님 나라가 확장되어 가고 있는 것입니다. 또한 우리가 살고 있는 지역에 하나님의 뜻이 이루어지고 있다면, 하나님의 다스리심과 통치하심이 있다면 이 지역 가운데 하나님 나라가 확장되어 가고 있는 것입니다.

우리나라도 마찬가지고 세계 열방도 마찬가지입니다. 하나님이 다스리시는 나라, 하나님 나라가 확장되어 가는 것입니다. 그리고 그 나라가 완성되어 가는 것입니다. 이미 시작되었지만 완성될 그 마지막 날의 하나님 나라, 그 천국이 완성되는 것입니다. 언제 완성됩니까? 예수님께서 다시 오시는 날 완성될 것입니다. 우리는 그 나라를 향해 나아가는 것입니다.

주님 앞에 서는 날, 우리는 하나님 나라에 들어가게 될 것입니다. 그러나 우리는 이 땅을 살아가면서도 하나님 나라를 살아가는 것입니다. 하나님 나라는 하나님께서 이루어 가시지만, 놀라운 사실은 그 나라를 하나님께서 당신의 사람들을 통해서 이루어 가고 계시다는 것입니다. 그래서 이 땅에 교회를 주신 것입니다. 우리가 성도로서 이 땅을 살아가는 이유는, 하나님 나라와 그 영광을 위해서입니다. 마태복음 6장 33절의 말씀처럼 말입니다.

"그런즉 너희는 먼저 그의 나라와 그의 의를 구하라 그리하면 이 모든 것을 너희에게 더하시리라."

본문을 읽다 보면 의아한 생각이 들 수 있습니다. '왜 갑자기 모세와 엘리야가 등장한 것일까? 예수님께서는 왜 모세와 엘리야를 부르셨을까?' 모세는 율법의 대표입니다. 창세기, 출애굽기, 레위기, 민수기, 신명기라는 율법에 관한 책을 하나님께서 모세를 통해 쓰게 하셨습니다. 그러면 엘리야는 누구입니까? 엘리야는 선지자들의 대표입니다. 율법과 선지자는 한마디로 구약의 말씀인 것입니다. 그래서 구약을 보통 '율법과 선지자'라고 지칭하는 것입니다.

하나님 나라는 한순간에 있다가 사라지는 나라가 아니라 계속 진행되는 나라, 계속 이루어져 가는 나라입니다. 그리고 예수 그리스도를 통해서 완성되는 나라입니다. 성경의 수많은 인물이 있지만 그중에서 모세와 엘리야를 부르신 것은, 하나님 나라를 이들과 같이 살아가라는 메시지가 있는 것입니다.

모세는 하나님 나라를 꿈꾸었던 인생입니다. 120년을 살면서 처음 40년은 왕궁에서, 그다음 40년은 미디안 광야에서 살다가 80세에 하나님의 부름을 받아 이스라엘 백성을 출애굽시키는 민족 지도자로 쓰임 받게 됩니다. 120세에 느보 산에서 가나안 땅을 바라보면서 하나님 앞에 부름 받을 때까지 그의 눈이 흐리지 아니하였고, 기력 또한 쇠하지 않았습니다. 마지막 순간까지 하나님 나라의 사명을 감당한 후 주의 말씀을 붙잡고 나아갔던 모세와 같이 살라고 말씀하시는 것입니다.

이러한 모세도 참 귀하지만, 우리가 주목해 보아야 할 것은 엘리야입니다. 본문 4절을 보면 굉장히 독특한 표현이 나옵니다. "이에 엘리야가 모세와 함께." 모세와 엘리야, 혹은 엘리야와 모세가 아니라 '엘리야가 모세와 함께'라고 표현되어 있습니다. 원문도 '엘리야가 모세와 더불어 나타났다'고 표현하고 있습니다. 중심인물이 엘리야라는 것입니다. 예수님은 본문 이후에도 엘리야를 조명하면서 설명하십니다.

우리는 여기서 주님의 메시지를 발견할 수 있어야 합니다. 이 땅을 살아갈 때 엘리야와 같이 살 수 있어야 한다는 것입니다. 엘리야는 어떻게 살았습니까? 세상 나라에 살았으나 그 나라에 굴복하지 않았습니다. 엘리야가 살았던 시대의 나라들은 영적으로 완전히 무너져 있었습니다. 아합과 이세벨을 통해 우상들이 들어오면서 우상을 숭배하게 된 것입니다. 이러한 상황에서 엘리야는 바알의 선지자 450명과 갈멜 산에서 영적 전쟁을 일으켜 홀로 하나님 앞에 부르짖어 불의 역사를 이루어 냈습니다. 그는 한마디로 영적인 거장이었습니다. 세상 사람들이 다 우상 앞에 무릎 꿇을 때, 엘리야만큼은 하나님의 말씀을 지켰습니다. 이 세상 나라에 살면서도 세상 나라에 속하지 않은 하나님 나라의 비전을 가지고 살았습니다. 예수님은 제자들에게 그렇게 살라고 말씀하시는 것입니다.

당신의 관심은 어디에 있습니까? 무엇이 당신을 번민하게 합니까? 당신은 무엇에 마음을 빼앗기고 있습니까? 우리 마음이 세상 나라로만 채워져 있다면 우리 삶에는 권능이 있을 수 없습니다. 그러나 우리 마음이 하나님 나라의 꿈과 비전으로 가득 차 있다면 세상을 이길 권능이 있는 것입니다. 세상을 이길 능력은 하나님 나라의 꿈과 비전에 있습니다. 우리 삶에 하나님 나라를 이루어 가는 꿈과 비전이 가득할 수 있기를 바랍니다.

예수님만 높이는 나라

셋째, 하나님 나라는 예수님만 높이는 나라입니다. 물론 모세도 중요하고 엘리야도 중요합니다. 그러나 그들은 인간일 뿐입니다. 우리에게는 구름같이 둘러싼 허다한 믿음의 증인들이 있지만, 우리가 주목해야 할 한 분이 있다면 우리 주 예수님이십니다. 구름 속에서 들려온 음성이 무엇입니까?

"이는 내 사랑하는 아들이니 너희는 그의 말을 들으라"
(막 9:7).

주님의 말씀을 듣는 인생이 하나님 나라를 이루어 가는 인생입니다. 그런데 음성이 들려온 이후에 문득 보니 아무도 보이지 않고 오직 예수와 자기들만 남았다고 이야기합니다. 같은 내용을 마태복음과 누가복음은 이렇게 기록하고 있습니다.

"오직 예수 외에는 아무도 보이지 아니하더라"(마 17:8).

"오직 예수만 보이더라"(눅 9:36).

진정한 제자의 비전이 무엇입니까? 무엇을 보아야 합니까? 진정한 제자라면 예수님을 바라보아야 합니다. 예수님이 인생의 전부가 될 수 있어야 합니다.

그런데 본문을 보다 보면 또 한 가지 궁금한 것이 생깁니다. 모세와 엘리야가 예수님과 만나 대화를 나누었다고 하는데 무슨 대화를 나누셨을까요? 본문에는 잘 드러나 있지 않은데 누가복음에는 자세히 기록되어 있습니다. 누가복음 9장 31절을 보십시오.

"영광 중에 나타나서 장차 예수께서 예루살렘에서 별세하실 것을 말할새."

쉽게 말하면, 예수님께서 세상을 떠나실 것에 대해서 대화를 나누셨다는 것입니다. 예수님의 십자가, 예수님의 구원 사역이 중심 주제였습니다. 하나님 나라의 중심은 예수 그리스도의 십자가입니다. 십자가를 통해서 우

리의 죄를 사하시고, 구원하시고, 죽음과 부활 그리고
승천하시는 이 별세에 대한 이야기를 나누셨다는 것입
니다.

하나님 나라의 비전, 하나님 나라의 꿈은 예수 그리스
도로 가득 찬 것입니다. 예수 그리스도만 바라보는 것입
니다. 십자가의 은혜로 죄 사함을 받은 자들에게는 예수
님과 함께하는 그곳이 곧 하나님 나라입니다. 그곳이 천
국인 것입니다.

신앙이 무엇입니까? 믿음이 무엇입니까? 참된 제자의
삶이 무엇입니까? 우리 삶의 주인, 우리 삶의 왕이 예수
그리스도임을 고백하는 것입니다. 우리의 삶을 통해 예
수님만이 높임을 받으시는 것입니다. 내가 주인인 삶, 내
가 왕인 삶, 나의 삶을 높이는 것은 진정한 신앙이라 할
수 없습니다. 사실 우리 주변이나 교회 안에도 가짜 신앙
인이 많습니다. 예수님을 믿고 교회에 다닌다고, 자신의
종교는 기독교라고 말하는 사람 중에도 가짜 신앙인이
있을 수 있습니다. 만일 예수님을 자신을 위해서 믿고 있
다면, 그것은 가짜 신앙입니다.

세상의 다른 종교들의 공통점이 무엇입니까? '나'를 위
해서 종교 생활을 한다는 것입니다. 내가 잘되기 위해서,

내가 복 받고 평안하기 위해서 말입니다. 그러나 우리의 신앙은 전혀 다른 것입니다. 내가 살기 위한 것이 아닙니다. 내가 주인 되기 위한 것이 아닙니다. 나의 욕심을 채우기 위한 것이 아닙니다. 물론 하나님이 복을 주십니다. 그러나 그것은 나중 이야기입니다. 진짜 신앙은 자신의 죽음을 대면하는 것입니다. 내가 사는 것이 아니라 내가 죽는 그 현장을 대면하는 것입니다. 내가 십자가에서 못 박히는 것입니다. 내가 부인되는 것입니다. 내 안에서 나는 죽고 예수 그리스도만이 사시는 것입니다. 이것이 진짜 복음이요, 기쁜 소식입니다.

우리가 인생의 주인이면 거기에 기쁨이 있겠습니까? 우리가 인생의 왕이면 거기에 소망이 있겠습니까? 죄의 열매밖에는 맺을 것이 없습니다. 오직 심판과 사망만이 있을 뿐입니다. 그런데 예수 그리스도가 삶의 주인이 되심으로 우리 인생에 희망이 있는 것입니다. 생명과 소망과 능력이 있는 것입니다. 당신의 삶에 예수 그리스도만 보이기를 간절히 소망하십시오.

이것이 진짜 복음입니다. 이것이 하나님 나라입니다. 하나님 나라는 어느 특정한 곳에 있는 것이 아니라, 예수 그리스도가 왕 되시는 그 현장이 곧 하나님 나라입니다.

우리는 우리의 삶 속에 그리고 교회 안에 하나님 나라가 임하는 생생한 영광을 체험하고 그 권능으로 세상을 이기는 능력 있는 그리스도인이 되어야 할 것입니다.

성숙한 제자로 나아가는 법

1. 제자는 실재하는 나라, 곧 천국을 바라본다

세상 나라가 우리 눈에 선명하게 보인다 할지라도 그 나라는 가짜요, 헛된 것이요, 지나가고 무너지는 것이다. 주님은 "너의 눈으로 보는 것이 다가 아니다"라고 말씀하신다.

2. 제자는 이 땅에서 천국을 이루어 간다

하나님 나라는 하나님께서 이루어 가시지만, 놀라운 사실은 그 나라를 하나님께서 당신의 사람들을 통해서 이루어 가고 계시다는 것이다. 그래서 이 땅에 교회를 주신 것이다. 우리가 성도로서 이 땅을 살아가는 이유는, 하나님 나라와 그 영광을 위해서이다.

3. 제자는 오직 예수님만을 높인다

하나님 나라의 비전, 하나님 나라의 꿈은 예수 그리스도로 가득 찬 것이다. 예수 그리스도만 바라보는 것이다. 십자가의 은혜로 죄 사함을 받은 자들에게는 예수님과 함께하는 그곳이 곧 하나님 나라이다.

"모든 세리와 죄인들이 말씀을 들으러 가까이 나아오니 바리새인과 서기관들이 수군거려 이르되 이 사람이 죄인을 영접하고 음식을 같이 먹는다 하더라 예수께서 그들에게 이 비유로 이르시되 너희 중에 어떤 사람이 양 백 마리가 있는데 그중의 하나를 잃으면 아흔아홉 마리를 들에 두고 그 잃은 것을 찾아내기까지 찾아다니지 아니하겠느냐 또 찾아낸즉 즐거워 어깨에 메고 집에 와서 그 벗과 이웃을 불러 모으고 말하되 나와 함께 즐기자 나의 잃은 양을 찾아내었노라 하리라 내가 너희에게 이르노니 이와 같이 죄인 한 사람이 회개하면 하늘에서는 회개할 것 없는 의인 아흔아홉으로 말미암아 기뻐하는 것보다 더하리라"(눅 15:1-7).

4. 제자의 사명

한 영혼을 사모하라

예수님께서는 이 땅에서 사는 동안 완성될 하나님 나라를 바라보셨습니다. 그 나라를 위해서 살아가셨습니다. 한 영혼, 한 영혼의 심령 속에 하나님 나라가 임하는 것을 보면서 그 나라의 완성이라는 비전을 가지고 살아가셨습니다.

성경을 읽다 보면 하나님 나라에 대한 영광스러운 표현들이 많이 나오는 것을 볼 수 있습니다. 한편으로는 하나님 나라를 꿈꿀 수 없었던 가슴들이 예수 그리스도를 믿고 구원받아 하나님의 말씀과 성령의 능력으로 다시금 살아나는 놀라운 회복의 비전들이 가득 차 있습니다.

구약의 대표적인 경우가 에스겔 37장에 기록된 내용일 것입니다. 하나님께서 에스겔을 마른 뼈가 가득한 골짜

기로 가게 하십니다. 마른 뼈들을 보게 하신 것입니다. 주
님이 보게 하신 것을 보는 것이 비전입니다. 마른 뼈는 그
당시 사망 가운데 완전히 무너져 있는 이스라엘 민족을
상징하는 것이었습니다. 그러나 하나님의 비전은 그것으
로 끝나지 않았습니다. 사망 가운데 무너져서 완전히 쓰
러져 있는 모습을 보게 하신 것이 아니라, 하나님의 말씀
과 성령의 역사로 생기가 들어갈 때 하나님의 군대로 일
어나는 비전을 보게 하신 것입니다. 주님을 알지 못하는
영혼, 하나님을 만나지 못한 영혼, 하나님의 다스리심과
통치하심을 받지 못하는 영혼과 삶이 다시 한 번 새롭게
일어나는 비전을 보이신 것입니다.

　신약에서는 요한복음 4장을 통해 확인할 수 있습니다.
예수님께서 제자들에게 이렇게 말씀하십니다.

"너희는 넉 달이 지나야 추수할 때가 이르겠다 하지 아니
하느냐 그러나 나는 너희에게 이르노니 너희 눈을 들어
밭을 보라 희어져 추수하게 되었도다"(요 4:35).

　주님은 지금 당신의 비전을 말씀하고 계십니다. 자연적
인 계절의 흐름대로라면 씨를 뿌린 후 넉 달이 지나야 추

수할 때가 오겠지만, 주님은 육신의 눈이 아니라 영적인 눈으로, 영적인 비전을 가지고 영적인 추수를 바라보셨다는 것입니다. 죽거나 방황하거나 길을 잃어버린 영혼이 얼마나 많이 있습니까? 그 영혼들이 주님 앞으로 돌아오는 추수의 때가 있는데, 그때가 바로 지금이라고 주님은 말씀하고 계시는 것입니다.

사도행전 16장의 역사도 마찬가지입니다. 바울이 일행들과 함께 복음을 전하던 어느 날 밤, 마게도냐 사람 하나가 서서 "마게도냐로 건너와서 우리를 도우라" 하는 하나님이 주신 환상을 보게 됩니다. 그 환상, 곧 주님께서 주신 비전을 가지고 바다를 건너가 마게도냐 사람들에게 복음을 전하게 되는데 이것이 유럽 선교의 첫 시작이 되었습니다. 빌립보로부터 시작해서 많은 곳에 교회를 세우고, 그 교회들을 통해서 복음을 전하게 하신 것입니다.

한 영혼이 주님 앞에 돌아오는 것, 한 영혼의 삶 가운데 하나님 나라가 임하는 것, 한 영혼이 주님의 자녀가 되어 그 삶을 회복하고 하나님 나라에 들어가는 것, 이것이 바로 예수님의 비전이었습니다. 생각해 보십시오. 예수님은 무엇을 위해 살아가셨습니까? 예수님의 목표는 무엇

이었습니까? 이 땅을 살아가는 동안 예수님의 꿈과 비전
은 무엇이었습니까? 십자가가 아닙니까? 예수님의 꿈과
비전은 십자가였고, 그분의 삶은 십자가를 향해서 걸어
가는 것이었습니다. 그런데 그 십자가가 어떤 십자가입
니까? 그 십자가를 통해서 한 영혼, 한 영혼이 구원받는,
하나님의 능력으로 쓰임 받는 십자가입니다. 십자가의
그 죽음을 통해서 부활의 역사가 나타난 것입니다. 십자
가의 그 역사를 통해서 우리가 죄 사함 받고 하나님의 자
녀가 된 것입니다. 그 십자가의 능력으로 하나님 나라가
임한 것이고, 우리는 그 능력으로 하나님 나라에 들어가
게 되는 것입니다.

잃어버린 나를 찾아오시다

누가복음 15장에는 세 가지 비유가 나옵니다. 본문은
그중 첫 번째 비유에 해당하는 내용입니다. 그런데 예수
님께서 이 세 가지 비유를 말씀하실 때 이것은 따로 떨
어져 있는 것이 아니라 하나로 연결되어 있습니다. 본문
3절을 보십시오.

"예수께서 그들에게 이 비유로 이르시되."

여기서 '비유'는 복수가 아니라 단수로 표기되어 있습니다. 그러니까 이 세 가지 비유는 다 연결되어 있는 하나의 메시지를 담고 있다는 것입니다. 그 메시지가 무엇입니까?

첫 번째 비유는 어떤 사람에게 양 100마리가 있는데 그중에 한 마리를 잃어버려 그 잃어버린 양을 찾아오는 내용입니다. 두 번째 비유는 한 여인이 열 드라크마 중에 한 드라크마를 잃어버렸다가 그 돈을 찾는 내용입니다. 마지막 세 번째 비유는 잘 알려진, 소위 '탕자의 비유'라고 불리는 이야기로서 아버지의 재산을 가지고 떠난 둘째 아들이 먼 나라에 가서 허랑방탕하게 살다가 다시금 아버지 품으로 돌아오는 내용입니다.

이 비유들의 공통점이 무엇입니까? 무엇인가를 잃어버렸다가 다시 찾았다는 것입니다. 그러나 또 다른 공통점이 있습니다. 잃어버렸다가 찾은 것이 바로 자신의 소유였다는 것입니다. 잃은 양의 비유를 보십시오. 어떤 사람에게 양 100마리가 있다는 것은 그 사람이 그것을 소유하고 있었다는 것입니다. 다른 사람이 주인인 양을 목자로서 잠깐 돌봐준 것이 아니라, 그 사람이 양들의 목자 이전에 주인이었다는 것입니다. 자신의 양을 잃어버렸다가 자신의 양을 찾은 것입니다. 드라크마의 비유도 그렇고, 탕자의 비유도 마찬가지입니다. 다른 사람이 잃어버린 돈을 찾았거나, 동네 어떤 사람의 아들이 집을 나갔다가 다시 돌아온 이야기가 아닙니다. 내 돈을 찾은 것이고, 잃어버렸던 내 아들이 집으로 돌아온 것입니다.

그렇다면 예수님께서는 왜 이 말씀을 우리에게 하시는 것일까요? 이것이 주님의 이야기이기 때문입니다. 주님이 잃어버린 영혼을 그렇게 찾으셨다는 것입니다. 그렇게 기다리고 계시다는 것입니다. 그리고 이것이 우리의 삶을 나타내 주기 때문입니다. 주님이 우리를 그렇게 찾지 않으셨습니까? 양의 주인이 잃어버린 양을 찾듯이 주님이 우리를 그렇게 찾으셨다는 것입니다. 우리를 그렇게 구원해 주셨다는 것입니다.

양을 어깨에 메고 돌아온 후 즐거워하면서 벗과 이웃들을 불러 모아 잔치하고 즐기는 장면을 떠올려 보십시오. 아마 잔치 비용이 양 한 마리의 값보다 더 많이 들어갈 것입니다. 그런데 물질적인 이익 또는 손해가 중요한 것이 아니라, 잃어버린 양이 돌아온 것, 다시 말하면, 잃어버린 영혼이 주님 앞에 돌아온 것을 다른 무엇보다도 기뻐하셨다는 것입니다. 그 양이 바로 우리가 아닙니까? 이 말씀을 보면서 우리는 우리의 삶을 향한 주님의 자비, 주님의 긍휼, 주님의 사랑을 누리게 되는 것입니다. 이사야 53장 6절을 보십시오.

"우리는 다 양 같아서 그릇 행하여 각기 제 길로 갔거늘 여호와께서는 우리 모두의 죄악을 그에게 담당시키셨도다."

예수님께서 우리를 찾지 않으셨다면 우리가 어떻게 예수님을 믿게 되었겠습니까? 주님의 사랑이 아니면, 주님의 긍휼이 아니면 어떻게 우리가 구원받을 수 있었겠습니까? 다 하나님의 놀라운 사랑이요, 주님의 긍휼입니다. 에베소서 2장 4-5절을 보십시오.

"긍휼이 풍성하신 하나님이 우리를 사랑하신 그 큰 사랑을 인하여 허물로 죽은 우리를 그리스도와 함께 살리셨고 (너희는 은혜로 구원을 받은 것이라)."

이 사실을 믿으십시오. 긍휼이 풍성하신 하나님, 사랑이 풍성하신 하나님입니다. 혹시 하나님의 사랑을 의심하고 있습니까? 하나님의 사랑에 무뎌져 있습니까? 하나님께서 사랑하신다는 사실을 깨닫지 못하고 있습니까? 말씀 가운데 돌아와 하나님이 우리를 얼마나 사랑하시는지, 얼마나 귀하게 여기시는지를 떠올리십시오. 우리를 찾아와 자녀 삼고 구원해 주신 그 깊고도 놀라운 하나님의 사랑을 온전히 누리십시오.

잃어버린 영혼을 찾으라

본문이 주는 또 하나의 메시지가 있습니다. '너희도 이와 같이 살라'고 하시는 주님의 메시지입니다. 잃어버린 한 영혼을 주님께서 찾으셨습니다. 그것이 우리입니다. 그러나 동시에 또 다른 잃어버린 영혼이 많지 않느냐는 것입니다. 주님께서 잃어버린 영혼들을 향해 나아가신 것처럼 우리 또한 주님과 함께 한 영혼, 한 영혼을 향해서 나아가야 한다는 것입니다.

본문 1절을 보십시오. 예수님은 이 비유를 모든 세리와 죄인들이 말씀을 들으러 가까이 나올 때 말씀하셨습니다. 그러니까 모든 죄인과 세리들에게 말씀하신 것입니다. '내가 너희를 그렇게 사랑하고 찾고 있다. 내가 너희를 기다리고 있다.' 그러나 세리와 죄인들만 있었던 것이 아닙니다. 그 자리에는 바리새인과 서기관들도 있었습니다. 그들의 반응은 어땠습니까? 예수님이 죄인을 영접하고 음식을 같이 먹는다고 수군거렸습니다. 마음에 안 들고 못마땅해 예수님을 비난한 것입니다. 예수님께서는 그런 그들에게 이 비유를 말씀하신 것입니다. 그들을 깨우치고 그들에게 도전하기 위해서, 그들의 눈을 열어 주기 위해서 말입니다.

바리새인과 서기관들이 누구입니까? 하나님의 말씀을 연구하고 가르치는 사람들이 아닙니까? 구약의 율법대로 살고자 자신들만의 규례를 만들어 열심히 지키려고 노력했던, 자타공인 하나님의 뜻대로 살고자 노력했던 사람들이 아닙니까? 그런데 하나님께서 책망하시고 주님께서 질책하십니다.

사실 성경에 보면 예수님께서 바리새인과 서기관들을 강하게 질책하고 책망하시는 장면이 많이 나옵니다. 아마 대표적인 말씀이 마태복음 23장일 것입니다. 여러 가

지 표현이 나오는데, '눈 먼 인도자, 어리석은 맹인, 맹인
된 인도자, 눈 먼 바리새인'이라 칭하며 신랄하게 책망하
십니다. 이 공통된 표현이 무엇입니까? 눈이 멀어 있다는
것입니다. 맹인이라고 말씀하신 것입니다. 인도자인데
앞을 보지 못하고 있다는 것입니다. 이는 주님의 비전이
없는 것이요, 주님의 마음이 없는 것입니다. 눈을 뜨고 있
지만 주님의 마음과 주님의 심정과 주의 사랑과 긍휼로
한 영혼, 한 영혼을 바라보지 못했다는 것입니다. 눈이 가
리어져 있고 막혀 있기 때문입니다. 부와 명예, 세상의 인
기와 성공은 누리고 있을지 몰라도 주님께서 보실 때는
눈이 다 멀어 있다는 것입니다. 하나님의 말씀을 알고 그
말씀을 연구하면서 살아가지만 눈이 가리어져 있다는 것
입니다. 어떤 눈이 가리어져 있습니까? 주님께서 주시는
비전, 한 영혼을 향한 마음을 보는 눈이 가리어져 있습니
다. 그래서 잃은 영혼을 찾아 나서시는 주님을 보고 수군
거리는 것입니다. 사실은 그들이 찾아 나서야 하는데 그
러지 못하는 바리새인과 서기관들을 책망하고 계시는 것
입니다.

우리의 삶이 바리새인이나 서기관과 같이 되어서는 안
됩니다. 우리는 책망을 듣는 삶이 아니라, 한 영혼을 향한

주님의 마음과 시각을 가지고, 그 비전을 가지고 나아갈 수 있는 칭찬받는 그리스도인이 되어야 합니다.

양이 얼마나 미련하고 부족합니까? 방황하는 우리의 삶을 양으로 비유할 때는 그럴 만한 이유가 있습니다. 양은 앞을 잘 보지 못한다고 합니다. 날렵하지도 못합니다. 자기 보호 능력도 거의 없고, 맹수에 노출되기도 쉬우며, 빨리 뛰지도 못합니다. 또 양털이 많다 보니 물이 닿으면 몸이 무거워져서 강도 건너지 못합니다. 다른 동물들은 집으로 잘 찾아오기도 하는데, 양은 한 번 방황하면 돌아오기가 어렵습니다. 이런 양이 보호를 받으며 평안을 누릴 수 있는 비결은 딱 한 가지입니다. 바로 목자를 만나는 것입니다.

우리는 선한 목자 되신 주님을 만났습니다. 이것이 우리의 평강이고, 생명이고, 우리에게 주신 하나님의 은혜입니다. 세상을 살다 보면 힘들고, 지치고, 때로는 예기치 않은 일들이 닥칠 수도 있습니다. 그럼에도 불구하고 선한 목자 되신 예수님께서 함께 계시기 때문에 우리의 삶에 평강이 있고, 담대함이 있고, 우리가 믿음 가운데 승리해 가는 것이 아닙니까? 세상의 수많은 사람이 목자 되신 주님을 만나지 못해 방황하고 있다면, 우리는 그들에게 주님의 마음을 가지고 다가가야 합니다. 눈물로 기도하고 주님의 마음으로 복음을 나누면서, 하나님 나라의 비전을 선포하면서 그 사랑을 나누며 살아가야 합니다.

'쿠바디스 도미네'(Quo Vadis Domine)라는 표현이 있습니다. 라틴어로 '주여, 어디로 가시나이까'라는 뜻입니다. 교회 역사를 보면 많은 사람이 복음을 전하다가 순교를 당했습니다. 한국 교회 초창기에 들어왔던 선교사님들도 마찬가지로 생명 다해 복음을 전하셨습니다. 오늘날 전 세계에서 복음을 전하시는 선교사님들이 그런 삶을 사는 것입니다. 예수님의 제자들도 대부분이 순교를 당했습니다. 한 영혼, 한 영혼에게 복음을 전하기 위해서 자신의 생명을 드린 것입니다. 왜 그렇게까지 하는 것입니까? 하나님의 사랑을 받았기에, 그 사랑에 감격해서 그것을 나눌 수밖에 없는 것입니다. 복음에 빚진 자로서 그 복음을 가지고 나아갈 수밖에 없는 것입니다.

교회에 전해 내려오는 이야기에 의하면, 베드로가 로마를 등지고 떠날 때 로마를 향해서 십자가를 지고 가시는 예수님을 환상 가운데 만나게 됩니다. 그때 베드로가 예수님께 이렇게 질문합니다. "쿠바디스 도미네"(주여, 어디로 가시나이까). 이 질문 앞에 주님이 이렇게 대답하십니다. "나는 네가 등지고 나오는 로마에 있는 영혼들을 향해서 다시 십자가를 지고 들어간다." 이 대답을 들은 베드로는 통곡하고 회개하면서 "주님, 제가 가겠습니다" 하고는 발걸음을 돌려 로마로 들어가 십자가에 거꾸로 매달려 순교하기까지 그곳에서 복음을 전했다고 합니다.

우리도 이 질문을 할 필요가 있습니다. "주여, 어디로 가시나이까?" 우리는 우리 자신이 가는 길에 관심이 많습니다. "하나님, 제가 가는 길이 너무나 바쁘고 분주합니다. 주님, 저는 이 길을 원해요. 이것을 소원해요. 주님, 저는 이러한 삶을 살고 싶어요. 저는 이것을 응답받고 싶어요. 제가 바라는 것은 이것이에요." 물론 이렇게 기도하고 간구할 수 있지만, 더 깊은 신앙은 이것을 묻습니다. "주님, 어디로 가십니까? 제 뜻과 생각은 이것인데, 저의 갈 길은 이것이라고 생각하는데 주님은 어디로 가고 계십니까? 주님의 마음은 어디를 향하여 가고 계십니까? 주님의 눈물은 어디로 향하여 흐르고 계십니까? 주님의 열정과 주님의 사랑은 어디를 향하고 계십니까?" 그럴 때 우리는 주님의 음성을 듣게 될 것입니다. 그리고 주님께서 우리의 눈을 열어 비전을 보게 하실 것입니다. 한 영혼,

한 영혼을 보게 하실 것입니다.

어떤 사람은 이렇게 생각할 수 있습니다. '나는 내 신앙 하나 추스르기도 벅찬데 누구에게 복음을 전할 수 있겠어. 복음을 전하는 것은 나에게 맞지 않는 일이야. 나에게는 정말 부담스러운 이야기야.' 하지만 그렇지 않습니다. 복음을 전하는 데 있어 크기나 규모는 중요하지 않습니다. 세계 선교와 민족 복음화도 한 영혼으로부터 시작되는 것입니다. 당신 자신을 생각해 보십시오. 누군가의 기도와 인도함을 통해서, 또는 누군가의 헌신과 희생을 통해서 예수님을 믿게 된 것이 아닙니까? 모태 신앙이라 할지라도 부모님을 통해서 예수님을 믿게 된 것입니다.

우리가 구원받은 마지막 사람이 되어서는 안 됩니다. 우리는 우리 각 사람을 통해서 또 다른 영혼이 구원에 이르도록 인도할 수 있는 그리스도인이 되어야 합니다. 하나님께서 우리를 부르고 계십니다. 우리를 초청하고 계십니다.

찾은 이후의 기쁨을 누리라

누가복음 15장의 세 가지 비유의 또 다른 공통점은 찾은 이후의 기쁨입니다. 주님이 얼마나 기뻐하시는지 모릅니다. 주님의 기쁨이 되는 삶은 곧 이 복음을 나누는 삶입니다. 주님의 기쁨에 동참하십시오. 천하보다 귀한 한 영혼이 주님 앞으로 돌아올 때 하나님은 너무나도 기뻐하십니다. 하나님의 기쁨이 되는 교회, 하나님의 기쁨이 되는 성도가 되십시오.

그러기 위해 한 가지 결단을 촉구합니다. 주님의 마음과 비전으로 한 영혼 품기를 작정하십시오. 그 영혼이 가족일 수도 있고, 친구일 수도 있고, 이웃일 수도 있을 것입니다. 기도하는 마음으로 작정하고, 계속해서 기도하기를 힘쓰십시오. 다른 누군가를 통해서가 아니라 당신을 통해서 그 귀한 역사가 하나님의 은혜 가운데 나타나기를 바랍니다.

물론 마음이 열리기까지 많은 수고와 노력이 필요할 것입니다. 때로는 실망하는 마음도 갖게 될 것입니다. 그러나 하나님의 일하심을 믿으십시오. 그 마음으로 결단하면서 기도해 보십시오. 그 영혼이 예수 그리스도를 만나고, 구원받고, 하나님의 자녀가 되는 그 일에 당신이 아름답게 쓰임 받는 제자가 되기를 바랍니다.

성숙한 제자로 나아가는 법

1. 제자는 자신이 잃어졌던 자임을 안다

양을 어깨에 메고 돌아온 후 즐거워하며 벗과 이웃들을 불러 모아 잔치하고 즐기는 장면을 떠올려 보라. 아마 잔치 비용이 양 한 마리의 값보다 더 많이 들어갔을 것이다. 그러나 양의 주인은 잃어버린 양을 다시 찾은 것을 더 기뻐했다. 우리 주님도 잃어버린 영혼이 다시 돌아온 것을 더 기뻐하신다.

2. 잃어버린 영혼을 찾는 것이 제자의 사명이다

우리가 구원받은 마지막 사람이 되어서는 안 된다. 우리는 또 다른 영혼이 구원에 이르도록 인도할 수 있는 주님의 제자가 되어야 한다.

3. 제자는 주님의 기쁨에 동참한다

주님의 기쁨이 되는 삶은 곧 복음을 나누는 삶이다. 주님의 기쁨에 동참하라. 천하보다 귀한 한 영혼이 주님 앞으로 돌아올 때 하나님은 너무나도 기뻐하신다.

"내가 그리스도와 함께 십자가에 못 박혔나니 그런즉 이제는 내가 사는 것이 아니요 오직 내 안에 그리스도께서 사시는 것이라 이제 내가 육체 가운데 사는 것은 나를 사랑하사 나를 위하여 자기 자신을 버리신 하나님의 아들을 믿는 믿음 안에서 사는 것이라"(갈 2:20).

자기 십자가를 짊어지라

예수 그리스도의 십자가는 신앙의 중심이라 할 수 있습니다. 우리는 예수 그리스도의 십자가를 통해서 죄 사함을 받았고, 예수 그리스도의 십자가를 통해서 구원받은 하나님의 자녀가 되었고, 그 십자가로 인해 하나님과 화목을 이루며 이 땅을 살아가고 있는 것입니다. 예수 그리스도의 십자가가 없었다면 우리 인생은 어떻게 되었을까요? 정말 놀라운 하나님의 사랑이고 은혜입니다.

예수님께서 이 십자가를 지기 위해 예루살렘에 들어가셨습니다. 많은 사람이 환호하고 열광했습니다. 종려주일은 그날을 기억하는 절기입니다. 예수님께서 십자가를 지기 위해 예루살렘에 들어가실 때 많은 사람이 종려나무 가지를 흔들면서 "호산나 다윗의 자손이여 찬송하리로다 주의 이름으로 오시는 이여 가장 높은 곳에서 호산나"(마 21:9) 하면서 소리를 높였습니다. 이스라엘의 왕으로 오시는 분에게 자신들을 구원해 달라고 외친 것입니다. 예수님은 이렇게 이스라엘의 왕으로 입성하셨습니다. 우리의 왕으로서 십자가를 향해서 가고 계시는 것입니다.

그런데 문제는 그들이 원하는 왕의 모습이 아니었다는 것입니다. 며칠이 지나지 않아 그들은 예수 그리스도를 십자가에 못 박으라고 외치면서 성난 폭도들로 변하게 되었습니다. 어떻게 보면 이것이 우리의 모습이 아닙니까? 주님을 찬양한다고 말하고, 주님을 환영한다고 말하고, 주님이 우리 인생의 왕이라고 말하지만 나의 뜻과 마음의 소원과 어긋나는 주님의 모습을 볼 때면 얼마든지 주님을 배신하고, 배반하고, 주님의 마음을 상하게 하는 것이 연약한 인간의 모습이라는 것입니다. 그러나 하나님의 놀라운 사랑을 보십시오. 주님은 우리를 끝까지 사랑하셨습니다. 끝까지 사랑해서 십자가에 못 박혀 죽으신 것입니다.

내가 그리스도와 함께

그런데 예수 그리스도의 십자가가 왜 우리 가운데 능력
이 됩니까? 본문을 통한 사도 바울의 고백을 보십시오.

"내가 그리스도와 함께 십자가에 못 박혔나니"(갈 2:20상).

이것은 놀라운 영적 신비요, 은혜입니다. 예수님이 십
자가에 못 박히셨는데 예수님만 못 박힌 것이 아니라 우
리도 못 박혀 죽었다고 선언하고 있는 것입니다.

예수님의 십자가는 나를 위한 십자가였고, 예수님의 고
난은 나를 위한 고난이었습니다. 왜 예수님이 고난당하셨
습니까? 예수님이 무엇을 잘못하셨습니까? 예수님에게 죄
와 허물이 있으셨습니까? 예수님 당신의 죄와 허물이 아
니라 모든 인류의 죄와 허물, 아니 나의 죄와 허물을 대
신해서 예수님께서 고난당하신 것입니다. 예수님의 고
난은 나를 위한 고난이었기 때문에 우리는 그냥 지나갈
수 없는 것입니다. 예수님의 십자가는 나를 위한 십자가
였기 때문에 우리는 그 은혜를 잊을 수가 없는 것입니다.

놀라운 사실은, 예수님이 십자가에 못 박혀 죽으셨는

데 예수님만 죽은 것이 아니라 내가 같이 죽었다고 선언하고 있는 것입니다. 이것은 무엇을 의미합니까? 우리는 살아서 숨 쉬고 있는데 십자가에서 죽었다는 것은 무엇을 의미하는 것입니까? 하나님의 말씀을 보면 정확히 알 수 있습니다. 우리가 십자가에 못 박혀 죽었다는 것은 우리의 옛 사람이 죽은 것을 말합니다. 우리의 옛 자아가 죽고, 생각이 죽고, 판단이 죽고, 욕망과 이생의 모든 자랑이 다 죽은 것입니다. 우리의 옛 과거가 다 죽은 것입니다. 십자가에서 다 청산된 것입니다. 우리의 죄가 십자가 아래서, 예수 그리스도 안에서 다 해결함을 받은 것입니다.

이것이 놀라운 능력입니다. 왜 그렇습니까? 이제 우리는 십자가를 통해서 다시 인생을 시작할 수 있기 때문입니다. 스스로를 실패자라고 생각합니까? 십자가로 나아오십시오. 다시 시작할 수 있습니다. 당신에게 주홍 같은 붉은 죄가 있습니까? 십자가 앞으로 나아와 하나님 앞에 회개하십시오. 십자가 앞에 내려놓으십시오. 다시 시작할 수 있습니다. 상처를 주거나 받은 것도, 죄로 인해 맺어진 심판과 저주와 멸망도 주님께서 십자가에서 다 담당하셨습니다.

예수님께서 십자가에 달려 외치신 마지막 말씀이 무엇

입니까? '테텔레스타이'(Τετέλεσται), 즉 "다 이루었다"입니다. 다 지불했다는 것입니다. 무엇을 이루셨습니까? 우리의 모든 죄를 다 씻어 주셨습니다. 우리의 죄가 의가 되게끔 바꾸어 주신 것입니다. 이것이 놀라운 은혜요, 축복입니다. 에베소서 1장 7절을 보십시오.

"우리는 그리스도 안에서 그의 은혜의 풍성함을 따라 그의 피로 말미암아 속량 곧 죄 사함을 받았느니라."

우리의 죄를 씻기는 것은 오직 예수님의 피밖에 없습니다. 예수님의 보혈로 우리의 죄가 씻겨 죄인에서 의인이 되는 것입니다. 예수 그리스도의 보혈로 지옥의 자식들이 천국의 자식들로 변화되는 것입니다. 하나님을 믿고 의지해 하나님 나라에 들어가게 되는 것입니다. 우리는 다 그 은혜를 받았습니다.

예수 그리스도의 피, 그 보혈에는 능력이 있습니다. 다시 살게 하는 능력이 있습니다. 다시 시작하고 다시 출발하게 하는 능력이 있습니다. 우리가 드리는 기도와 예배를 통해서 우리의 삶이 다시 한 번 십자가의 은혜로 시작할 수 있는 은혜가 있기를 바랍니다.

내 안에 그리스도께서

그런데 십자가에는 또 다른 능력이 있습니다. 본문 말씀을 계속해서 살펴봅시다.

"그런즉 이제는 내가 사는 것이 아니요 오직 내 안에 그리스도께서 사시는 것이라"(갈 2:20중).

삶을 다시 시작할 수 있는 것도 능력인데, 이에 더해서 우리가 시작하는 것이 아니라 주님이 우리 인생을 시작하시기 때문에 십자가는 능력이 되는 것입니다. 생각해 보십시오. 인생을 다시 시작하려는데 내가 시작하고 내가 주인 되어 살아간다면 또 무너지고, 넘어지고, 죄를 범할 수밖에 없습니다. 또다시 하나님을 거역하게 될 것입니다. 죄에 대한 열매와 심판 그리고 저주밖에는 남는 것이 없습니다. 그러나 내가 그리스도와 함께 십자가에 못박혀 죽었는데, 내가 사는 것이 아니라 이제는 내 안에 계신 예수 그리스도께서 사신다고 고백하고 있는 것입니다. 나는 죽었기 때문에 이제는 나의 삶을 주님이 대신 살아 주신다고 약속하고 있는 것입니다.

신앙이란, 십자가의 능력이란 인생의 주인이 바뀐 것입니다. 전에는 내가 주인이었는데, 이제는 예수님이 내 인생의 주인이 되시는 것입니다. 예수님이 인생의 주인이 되신다는 것은 우리 인생을 주님께서 책임지신다는 약속이 있는 것입니다. 이것은 단순히 주님이 우리 삶을 이끌어 가시는 정도에 그치지 않습니다. 예수님 안에 있는 모든 능력이 나의 삶에 거한다는 약속이 있는 것입니다. 주님이 내 안에 사시기 때문에, 주님이 주인 되어 나의 삶을 이끌어 가시기 때문에, 주님이 나와 함께하시기 때문에 주님의 능력이 나의 능력이 되고, 주님의 치유가 나의 치유가 되고, 주님의 평강이 나의 평강이 되고, 주님의 영원한 생명이 나의 생명이 되는 것입니다.

이게 권능입니다. 이게 능력입니다. 내가 내 인생의 주인이라면 내가 걱정해야 합니다. 내가 두려워할 수밖에 없습니다. 무엇을 먹을까, 무엇을 마실까, 무엇을 입을까를 이방인들처럼 내가 염려해야 합니다. 그런데 나는 완전히 죽고 내 안에 그리스도가 사시기 때문에, 그리스도가 나의 인생을 주장하고 이끌고 인도하시기 때문에 주님께서 우리의 삶을 책임져 주시는 것입니다.

종교 개혁자인 마틴 루터(Martin Luther)는 밤에 잠자리에 들면서 창문을 열어 놓고 하늘을 바라보며 이렇게 기도했다고 합니다.

"하나님, 이 하늘과 땅과 이 세상이 나의 것입니까? 아닙니다. 하나님의 것입니다. 나의 인생이 나의 것입니까? 아닙니다. 주님의 것입니다. 오늘 밤에 자야 하는 이 하룻밤이 나의 것입니까? 아닙니다. 주님의 것입니다. 그래서 나는 평안히 잘 수 있습니다."

모든 것이 주님의 것이라는 고백입니다. 나의 자고 깨는 것도 주님의 일이요, 나의 가정생활도, 나의 건강도, 나의 직장 생활도 주님께서 이끌어 가시는 것입니다. 우리 삶의 한 걸음, 한 걸음을 내가 살아가는 것이 아니라, 내 안에 능력으로 역사하는 예수 그리스도께서 살아가시는 영적인 은혜를 누릴 수 있기를 바랍니다. 주님이 우리의 삶을 대신해서 살아가시는 것입니다.

생각해 보십시오. 주님이 우리를 버리시겠습니까? 주님이 우리를 거절하시겠습니까? 주님의 사랑이 우리에게서 끊어지겠습니까? 여기에 절대적인 평안과 담대함이 있는 것입니다. 또한 능력과 새로 일어날 소망이 있는 것입니다.

하나님의 아들을 믿는 믿음 안에서

그렇다면 우리는 이 땅을 어떻게 살아가야 할까요? 계속되는 바울의 고백을 보십시오.

"이제 내가 육체 가운데 사는 것은 나를 사랑하사 나를 위하여 자기 자신을 버리신 하나님의 아들을 믿는 믿음 안에서 사는 것이라"(갈 2:20하).

바울은 이 말을 할 때도, 그전에도 육체 가운데 살았습니다. 육체를 떠나서는 산 적이 없었습니다. 우리도 마찬가지입니다. 육체를 떠나서 사는 사람은 아무도 없습니다. 그렇다면 이것은 무슨 고백입니까? 나는 비록 육체 가운데 살지만 육체대로 살지 않겠다는 고백입니다. 그럼 어떻게 살 수 있습니까? 육체 가운데 살지만 육신을 따라 사는 것이 아니라 믿음대로 살겠다는 영적인 결단이 있는 것입니다. 예수님의 십자가의 은혜를 경험한 사람은 이처럼 육체의 소욕대로 살아가는 것이 아니라, 예수 그리스도를 믿는 믿음대로 살아간다고 고백하게 되어 있는 것입니다.

육체대로 살아간다는 것은 내가 주인 되어 나의 소원

을 이루면서 살아가는 것입니다. 내가 하고 싶은 대로 살아가는 것입니다. 그러나 믿음의 사람은 그렇게 살아갈 수 없습니다. 예수님의 사랑과 은혜를 체험한 사람은 그렇게 살아갈 수 없습니다. 나를 위하여 자기 자신을 버리신 예수 그리스도를 믿는 사람은 그렇게 살아갈 수가 없는 것입니다. 그러면 어떻게 살아갑니까? 육신대로 살아가지 않고 믿음대로 살아가는데, 믿음대로 살아간다는 것은 나의 소원대로 살아가는 것이 아니라 예수 그리스도의 소원대로 살아가는 것을 의미합니다. 주님의 뜻대로 살아가는 것입니다. 주님만 붙잡고, 주님만 의지하고 살아가는 것입니다. 주님의 마음이 나의 마음이 되고, 주님의 눈물이 나의 눈물이 되고, 주님의 열정이 나의 열정이 되고, 주님만 신뢰하고 붙잡으며 살아가는 것입니다. 이것이 믿음의 결단입니다.

사실 주님과 우리는 하나입니다. 스승 되신 주님을 따라가는 정도가 아니라, 주님과 완전한 연합을 이루고 있는 것입니다. 주님의 거룩이 나의 거룩이 되고, 주님의 능력이 나의 능력이 되는 것입니다. 주님이 나와 늘 함께하시는 것입니다.

이것을 말씀하시는 것이 바로 성찬 예식입니다. 예수님께서 십자가를 지시기 전에 한 다락에 올라가셨습니다. 그곳에서 제자들과 함께 떡을 떼고 잔을 나누면서 이 성찬을 제정하셨습니다. 떡을 떼면서는 "받아서 먹으라 이 것은 내 몸이니라"(마 26:26)라고 말씀하셨고, 잔을 나누면서는 "이것은 죄 사함을 얻게 하려고 많은 사람을 위하여 흘리는바 나의 피 곧 언약의 피니라"(마 26:28)라고 말씀하셨습니다. 예수님의 살을 먹고 예수님의 피를 마셔야 한다고 말씀하신 것입니다.

이것은 온전한 연합입니다. 주님이 내 안에 들어오시는 것이고, 내가 주님의 삶을 살아가는 것입니다. 주님과 나는 떼려야 뗄 수가 없습니다. 내가 살아간다고 말하지만 내 안에는 그리스도가 계십니다. 그리스도께서 나의 삶을 주장하면서 인도해 가기를 원하시는 것입니다. 날마다 십자가 앞에 나아가 죄와 허물을 다 내려놓고 나의 인생을 책임져 주시는 주님 앞에 나아가는 것입니다.

주님은 온갖 종류의 복을 우리 가운데 허락하셨습니다. 우리의 삶을 주님 앞에 맡기기만 한다면, 우리의 옛 자아를 십자가에 못 박을 수만 있다면 예수 그리스도가 살아나는 것입니다. 예수 그리스도의 은혜와 능력이 살아나는 것입니다. 시편 103편 1절에서 5절을 보십시오.

"내 영혼아 여호와를 송축하라 내 속에 있는 것들아 다 그의 거룩한 이름을 송축하라 내 영혼아 여호와를 송축하며 그의 모든 은택을 잊지 말지어다 그가 네 모든 죄악을 사하시며 네 모든 병을 고치시며 네 생명을 파멸에서 속량하시고 인자와 긍휼로 관을 씌우시며 좋은 것으로 네 소원을 만족하게 하사 네 청춘을 독수리같이 새롭게 하시는도다."

우리는 이 은혜를 다 누릴 수 있어야 합니다. 주님이 내 안에, 내가 주님 안에 거하는 떼려야 뗄 수 없는 이 놀라운 은혜를 말입니다. 그래서 우리 믿음의 선배들이 순교한 것입니다. 떼려야 뗄 수 없는 관계이기에 생명을 다해서 복음을 전한 것입니다. 우리도 마찬가지입니다. 십자가의 은혜로 구원받아 하나님의 자녀가 되었기에 주님께 사랑을 드리고 그분의 영광을 위해, 주님의 기쁨이 되기 위해 살아가는 것입니다.

기억하십시오. 우리는 십자가 안에서, 그 능력 안에서 다시 시작할 수 있습니다. 그러기 위해서는 삶의 주인 된 자신을 모두 내려놓아야 합니다. 옛 사람을 십자가에 못 박아야 합니다. 죄 된 모든 것을 주님 앞에 회개해야 합니다. 그럴 때 내 힘으로 살아가는 인생이 아니라, 내 안에 사시는 그리스도로 인해 승리하는 삶을 살아갈 수 있습니다.

성숙한 제자로 나아가는 법

1. 제자는 그리스도와 함께한다

우리가 십자가에 못 박혀 죽었다는 것은 우리의 옛 사람이 죽은 것을 말한다. 우리의 옛 자아가 죽고, 생각이 죽고, 판단이 죽고, 욕망과 이생의 모든 자랑이 다 죽은 것이다. 우리의 죄는 십자가 아래서, 예수 그리스도 안에서 다 해결함을 받았다.

2. 제자의 삶의 주인은 그리스도이시다

신앙이란, 십자가의 능력이란 인생의 주인이 바뀐 것이다. 전에는 내가 주인이었는데, 이제는 예수님이 내 인생의 주인이 되시는 것이다. 예수님이 인생의 주인이 되신다는 것은 우리 인생을 주님께서 책임지신다는 약속이 있는 것이다.

3. 제자는 믿음 안에서 살아간다

믿음대로 살아간다는 것은 나의 소원대로 살아가는 것이 아니라 예수 그리스도의 소원대로 살아가는 것을 의미한다. 주님의 뜻대로 살아가는 것이다. 주님만 붙잡고, 주님만 의지하고 살아가는 것이다.

"또 이르시되 내가 너희와 함께 있을 때에 너희에게 말한바 곧 모세의 율법과 선지자의 글과 시편에 나를 가리켜 기록된 모든 것이 이루어져야 하리라 한 말이 이것이라 하시고 이에 그들의 마음을 열어 성경을 깨닫게 하시고 또 이르시되 이같이 그리스도가 고난을 받고 제 삼 일에 죽은 자 가운데서 살아날 것과 또 그의 이름으로 죄 사함을 받게 하는 회개가 예루살렘에서 시작하여 모든 족속에게 전파될 것이 기록되었으니 너희는 이 모든 일의 증인이라"(눅 24:44-48).

사망을 이기는 부활을 소망하라

예수님께서 부활하셨습니다. 예수님께서 다시 사셨습니다. 본문이 말씀하는 예수 그리스도의 부활을 통해 하나님께서 우리 가운데 주시는 세 가지 영적 메시지를 살펴보고자 합니다.

부활은 사망을 이기는 능력이다

예수 그리스도의 부활을 통해 우리가 깨닫게 되는 것은, 예수 그리스도의 부활은 사망을 이기는 능력이 된다는 것입니다. 이 예수님의 능력이 나의 능력이 되는 것입니다. 인간의 삶에 가장 큰 절망이 있다면 아무리 노력해도 죽음을 이길 수 없다는 것입니다. 아무리 노력하고 열심히 살아도, 아무리 세상에서 성공해도 죽음 앞에서는 다 절망입니다. 세상의 그 어떤 지식을 가져도, 그 어떤 명예와 권력을 누려도, 아무리 인물이 좋고 많은 인기를 누린다 해도 죽음 앞에서는 다 허무한 인생일 뿐입니다.

그런데 놀라운 것은, 이 사망이 가장 큰 줄 알았는데 예수님께서 사망을 이기셨다는 것입니다. 그리고 이보다 더 놀라운 사실은, 예수님만 사망을 이기고 다시 사신 것이 아니라, 예수님의 부활이 우리의 부활이고, 예수님께서 다시 사신 그 승리의 능력이 우리의 능력이 된다는 것입니다. 앞 장에서 살펴본 갈라디아서 2장 20절을 보십시오.

"내가 그리스도와 함께 십자가에 못 박혔나니 그런즉 이제는 내가 사는 것이 아니요 오직 내 안에 그리스도께서 사시는 것이라…"

'내가' 그리스도와 함께 십자가에 못 박혀 죽은 것입니다. 나의 욕심이 죽고, 나의 교만이 죽고, 나의 자랑이 죽고, 나의 모든 계획이 죽고, 나의 자아가 죽고, 나의 옛 사람이 죽고, 그것으로 끝나는 것이 아니라 예수님이 부활하실 때 우리도 그리스도 안에서 함께 살아났다는 것입니다. 주님이 내 안에 계시고 내가 주님 안에 있는 것입니다. 주님과 내가 온전한 연합을 이루고 있는 것입니다. 주님의 부활의 능력이 나의 능력이요, 주님의 승리가 나의 승리인 것입니다.

우리는 예수님의 부활을 통해서 우리의 삶을 다시 볼 필요가 있습니다. 이 땅에서의 삶이 끝이 아닙니다. 이 땅에서의 사망이 끝이 아닙니다. 우리에게 영원한 생명을 주신 것입니다. 요한복음 11장 25-26절을 보십시오.

"나는 부활이요 생명이니 나를 믿는 자는 죽어도 살겠고 무릇 살아서 나를 믿는 자는 영원히 죽지 아니하리니 이것을 네가 믿느냐."

예수 그리스도, 곧 부활의 주님을 믿는 자는 죽어도 살겠고, 살아서 주님을 믿는 자는 영원히 죽지 아니하리라 말씀하십니다. 예수 그리스도를 믿는 자에게는 영원한 생명이 있다는 것입니다. 부활의 주님을 통해 인생을 보면 이 땅에서의 삶은 굉장히 잠깐입니다. 이 잠깐의 삶에 다가오는 절망이 우리의 전부가 될 수는 없습니다. 이 잠깐의 삶에서 겪게 되는 고통과 염려와 아픔이 우리 인생의 전부가 될 수는 없습니다. 잠깐은 절망할 수 있으나 인생에 끝이 온 것은 아닙니다. 인생의 아픔과 고난과 사망 가운데 거한다 할지라도 주님이 사망을 이기셨기에 그 승리의 능력이 우리 가운데 있습니다.

사랑하는 이를 일찍 떠나보내고 슬픔 가운데 있습니까? 조금 지나면 다 죽음 가운데서 일어나 하나님 나라에서 춤추고 찬양하며 하나님을 예배하는 그날이 올 것입니다. 이 땅에서의 삶이 다가 아니라, 우리 가운데 영원한 생명을 주셨기 때문입니다. 사망을 이기는 이 승리의 능력이 누구에게 있습니까? 예수님께 있습니다. 예수의 이름에 그 능력이 있는 것입니다. 본문 47절을 보십시오.

"또 그의 이름으로 죄 사함을 받게 하는 회개가 예루살렘에서 시작하여 모든 족속에게 전파될 것이 기록되었으니."

'그의 이름'은 누구의 이름입니까? 예수의 이름입니다. '죄 사함'을 어떻게 받습니까? 예수의 이름으로 받습니다. 죄 사함을 받는다는 것은 죄로 말미암은 저주를 이기는 것입니다. 저주가 떠나가는 것입니다. 죄 사함을 받는다는 것은 우리 인생이 공포나 두려움, 또는 얽매여 있는 어떤 죄에 종노릇하는 것이 아니라, 우리 인생에 자유가 임한다는 것입니다. 하나님의 평강이 임한다는 것입니다. 죄 사함을 받는다는 것은 죄에 따른 형벌을 면하고 영원한 생명을 얻어 하나님 나라에 들어가는 하나님의 자녀로 영원한 복락을 누리면서 하나님과 함께 살게 된다는 것입니다. 그 능력이 예수의 이름에 있는 것입니다.

예수의 이름은 인간의 이름이나 세상의 이름과 다릅니다. 이는 어떤 표현이나 구호, 또는 외침이 아니라 능력입니다. 예수 이름에는 저주를 물러가게 하고 어두움을 물리치는 능력이 있습니다. 그 이름 안에는 생명력이 있기 때문입니다. 예수의 이름을 선포하십시오. 예수의 이름을 붙잡으십시오. 그리고 그 이름을 묵상하십시오. 우리는 기도할 때 예수님의 이름으로 합니다. 왜 그렇습니까? 그렇게 기도하는 이유는, 예수님은 살아 계신 부활의 주님이기 때문입니다. 우리의 기도를 지금도 들으시기 때문입니다. 우리가 기도할 때 살아 계신 주님이 역사하심을 믿으십시오. 그것이 곧 부활의 주님을 선포하는 것입니다.

예수님은 이 땅에 살아 계실 동안 병든 자를 고치고, 귀신을 내어 쫓고, 하나님 나라의 일을 말씀하셨습니다. 하나님의 뜻을 이루며 살아가셨습니다. 그러나 그때만이 아닙니다. 예수님은 지금도 살아 계십니다. 지금도 역사하고 계십니다. 우리와 함께 계시는 것입니다. 그래서 예수님의 이름이 선포될 때 하나님의 기적 같은 은혜들이 나타나는 것입니다. 그런데 안타까운 것은, 우리에게는 부활의 능력, 생명의 능력, 승리의 능력이 없다고 생각하는 것입니다. 예수 이름의 능력은 예수님만 가지고 계신 것이 아니라, 예수님의 부활을 경험하고, 만나고, 믿는 모든 성도에게 주시는 하나님의 능력임을 믿으십시오.

예수의 이름이 가진 능력을 잘 보여 주는 사건이 사도행전 3장에 기록되어 있습니다. 베드로와 요한이 기도하기 위해 성전으로 올라가던 중 미문에서 구걸하는 걷지 못하는 사람을 보았을 때 베드로가 뭐라고 선포합니까?

"은과 금은 내게 없거니와 내게 있는 이것을 네게 주노니 나사렛 예수 그리스도의 이름으로 일어나 걸으라"(행 3:6).

베드로와 요한은 가진 것이 별로 없었습니다. 다만 예수의 이름을 가졌을 뿐입니다. 그런데 그 이름이 권능이요, 부활의 능력이기에 "나사렛 예수 그리스도의 이름으로 일어나 걸으라"라고 선포하자 걷지 못하던 사람이 일어나 걷게 되었습니다. 놀라운 기적이 나타난 것입니다. 나의 이름, 세상의 이름에는 능력이 없지만, 지금도 살아 역사하시는 예수님의 이름으로 선포할 때 놀라운 기적이 나타나게 됨을 믿으십시오.

부활하신 주님이 우리 삶을 인도하신다

예수님의 부활을 통해 주시는 두 번째 영적 메시지는, 우리의 삶을 부활하신 주님께서 인도해 가신다는 것입니다. 정말 놀라운 은혜입니다. 본문을 보면 예수님의 십자가의 죽음과 3일 만에 부활하신 사건이 우연이 아니라 놀라운 하나님의 계획 속에서 성취된 일임을 알게 됩니다. 본문 44절을 보십시오. 예수님께서 부활하신 이후에 제자들에게 이렇게 말씀하십니다.

"모세의 율법과 선지자의 글과 시편에 나를 가리켜 기록된 모든 것이 이루어져야 하리라 한 말이 이것이라."

하나님은 언제나 계획을 가지고 계십니다. 그리고 그 계획을 성취하십니다. 모세의 율법과 선지자의 글과 시편은 구약의 말씀이 아닙니까? 구약에서 예언된 대로 예수 그리스도의 십자가의 죽음과 부활이 이루어졌다는 것입니다. 성취되었다는 것입니다. 하나님의 계획 속에 예수님의 십자가의 죽음과 부활이 있었다는 것입니다. 그런데 이뿐만이 아닙니다. 본문 47절을 보십시오.

"그의 이름으로 죄 사함을 받게 하는 회개가 예루살렘에서 시작하여 모든 족속에게 전파될 것이 기록되었으니."

예수님의 십자가 사건과 부활 사건 그리고 예수 그리스도의 복음이 예루살렘으로부터 시작해서 모든 민족에게, 곧 땅끝까지 전파될 것이 기록되었다는 것입니다. 이 모든 것이 이미 하나님의 계획 속에 있었다는 것입니다.

이 세상은 하나님이 당신의 계획 가운데 경영해 가십니다. 그런데 놀라운 것이 있습니다. 예수님의 죽으심은 누구를 위한 것이었습니까? 예수님의 십자가 죽음은 우리를 대신한 것이었습니다. 우리의 죄와 허물을 대신해서 십자가에서 피 흘려 죽으신 것입니다. 그렇다면 예수님의 부활은 누구를 위한 부활입니까? 예수님의 부활의 능력이 우리의 능력이 아닙니까? 우리는 부활하신 주님을 믿고 있는 것이 아닙니까? 부활하신 주님이 우리와 함께하고 계시는 것이 아닙니까?

사망을 이기신 주님의 능력을 생각해 보십시오. 사망을 이기셨다는 것은 곧 죄를 이기셨다는 것입니다. 사망은 죄 가운데 오기 때문입니다. 예수님은 죄가 없는 분으로서 인류를 대속하는 하나님의 어린양 됨을 증명하기 위해 부활하신 것입니다. 그 십자가와 부활은 우리를 위한 것이었습니다. 우리의 삶이 그 안에 있는 것입니다. 복음이 예루살렘으로부터 땅끝까지 전파되는 과정 가운데 우리의 인생이 있는 것입니다. 그 과정 가운데 우리가 예수님을 만난 것입니다. 부활하신 주님을 만난 것입니다. 그래서 죄 사함 받고 회개해서 하나님을 아빠 아버지라 부를 수 있는 것입니다.

기억하십시오. 하나님의 계획 속에 우리 삶이 있습니다. 하나님의 계획 속에 우리 인생이 있습니다. 우리 인생은 우연히 왔다가 대충 살고 가는 것이 아니라, 하나님의 계획 속에서 그분의 인도하심을 받아 그 계획을 성취해가는 과정 가운데 있습니다. 사망은 어두움입니다. 그런데 부활은 빛입니다. 어두움은 우리 삶을 인도할 수 없습니다. 깜깜한 데를 다니면 어떻습니까? 불안합니다. 두렵습니다. 언제 넘어질까, 어디 날카로운 데 부딪쳐서 다치지는 않을까, 안 좋은 일이 생기지는 않을까 불안합니다. 이처럼 어두움은 우리의 삶을 인도하지 못합니다. 그러나 부활의 주인이요, 생명 되신 예수님은 나의 삶을 인도해 가십니다. 밝은 빛으로, 부활의 능력으로 인도해 가십니다. 그래서 예수님이 우리 삶의 길이 되시는 것입니다. 부활하신 주님이 우리의 삶을 한 걸음, 한 걸음씩 하나님의 계획 가운데로 인도해 가시는 것입니다. 그래서 우리는 이제까지 이루신 하나님의 일들에 대해서 감사할 수 있는 것입니다. 그리고 앞으로 이루실 일에도 감사할 수 있는 것입니다.

부활하신 주님이 우리의 삶을 인도하고 계십니다. 때로는 깜깜한 밤과 같이, 십자가의 고난과 같이 무너져 있을 수 있습니다. 그러나 주님을 바라보십시오. 부활의 주님이 인도하고 계십니다. 십자가의 죽음을 넘어서 부활의 영광을 주셨듯이 우리의 삶을 그렇게 아름답게 인도해 가시는 것입니다. 지금은 우리 삶이 안개가 있는 것처럼 막막할 수도 있고, 좌절이 있을 수도 있고, 많은 어려움 속에서 방황하고 있을 수도 있습니다. 그러나 우리는 부활의 주님이 우리와 함께하심을 믿습니다. 우리는 우리 인생의 한 부분만을 보지만, 부활하신 주님은 우리 인생의 전체를 보고 계십니다. 이 복음이 땅끝으로 전파될 때까지, 이 세상의 종말까지, 아니 영원토록 부활하신 주님이 우리 삶을 아름답게 인도해 주실 것을 믿으십시오.

부활은 사명의 축복을 준다

예수 그리스도의 부활이 주는 세 번째 메시지는, 부활은 사명의 축복을 준다는 것입니다. 본문 마지막 절을 보십시오.

"너희는 이 모든 일의 증인이라"(눅 24:48).

부활하신 주님을 만난 인생은 부활하신 주님을 전하게 됩니다. 부활하신 주님을 증거하게 됩니다. 믿음이 있는 사람과 믿음이 없는 사람의 차이가 무엇입니까? 부활하신 주님을 만난 사람과 아직 만나지 못한 사람은 어떠한 인생의 차이가 있습니까? 성경책을 들고 다니느냐 안 들고 다니느냐, 교회를 다녀 봤느냐 안 다녀 봤느냐가 아닙니다. 신앙이 있는 것과 없는 것의 차이는 주님을 어떻게 믿고 있느냐 그리고 그 주님을 어떻게 증거하고 있느냐에 있습니다. 역사 가운데 부활하신 주님을 만났던 모든 사람이 부활하신 주님을 증거했기 때문입니다.

부활하신 주님, 생명의 주님을 만난 사람은 예수님을 증거하지 않을 수 없습니다. 입술로, 행위로, 우리의 모든 삶과 인격 그리고 우리의 모든 존재를 통해 예수 그리스도를 나누며 그분을 증거하는 인생을 살 수밖에 없습니다. 무덤 밖에 있던 막달라 마리아가 슬퍼하며 울고 있었습니다. 예수님을 죽은 자 가운데서 찾는 사람은 슬퍼할 수밖에 없습니다. 죽음을 이길 수 없습니다. 그런데 예수님이 마리아를 찾아오셨습니다. "어찌하여 울며 누구를 찾느냐"(요 20:15). 부활하신 예수님, 살아 계신 예수님을 만난 마리아는 기쁨으로 세상에 나아가 부활하신 그분을 증거하기 시작했습니다. 예수님의 제자들, 예수님의 사도들도 예수 그리스도를 생명 다해서 증거한 것입니다. 유일한 구원의 길이기에, 유일한 생명이기에, 유일한 승리의 이름이기에 전파한 것입니다. 초대 교회 성도들은 생명 다해, 자신의 모든 삶을 다해 예수 그리스도, 그 부활의 주님을 증거했습니다. 오늘날 수많은 선교사님들 또한 문화와 언어, 배경은 다르지만 전 세계를 다니면서 부활의 주님을 증거하며 살아가고 있는 것입니다.

우리나라도 이렇게 부활의 주님을 증거하기 위해 오신 선교사님들을 통해 복음화되었습니다. 1885년 부활절 아침, 언더우드(Horace Grant Underwood)와 아펜젤러 (Henry Gerhard Appenzeller) 선교사님이 영적으로 어둠 가운데 있는 우리 민족에게 부활의 빛 되신 예수 그리스도를 증거하기 위해 이 땅에 오셨습니다. 복음의 확장, 이 놀라운 역사가 나타나게 된 것입니다. 먼 곳에 있는 선교사님뿐만 아니라 부활의 주님을 경험한 모든 성도가 자신의 삶의 자리에서 부활의 증인으로 살아가게 된 것입니다. 복음을 나누게 된 것입니다.

우리의 삶은 부활의 주님을 생명 다해 담대하게 증거할 수 있어야 합니다. 사실 우리는 부활하신 주님으로 말미암아 모든 능력을 받았습니다. 모든 축복을 이미 다 받은 것입니다. 부활하신 주님을 만남으로 우리 안에 평강이 있고, 담대함이 있고, 사망을 이기는 승리의 능력이 있고, 천국이 있습니다.

우리가 드리는 예배가 능력 있는 이유가 무엇입니까?

우리의 예배를 받으시는 분이 살아 계신 주님이시기 때문입니다. 우리의 찬양이 능력 있는 이유가 무엇입니까? 우리의 찬양을 받으시는 분이 지금도 살아서 역사하시기 때문입니다. 이는 우리가 드리는 기도도 그렇고, 예배 시간마다 선포되는 말씀도 그렇습니다. 우리 가운데 역사하시는 주님은 죽어 계신 분이 아니라, 과거에만 살아 계셨던 분이 아니라 지금도 살아서 역사하는 분이십니다.

"하나님의 말씀은 살아 있고 활력이 있어 좌우에 날 선 어떤 검보다도 예리하여 혼과 영과 및 관절과 골수를 찔러 쪼개기까지 하며 또 마음의 생각과 뜻을 판단하나니"(히 4:12).

우리는 이미 이 모든 능력을 누리고 있습니다. 사실 우리의 삶 전체가 능력의 삶입니다. 부활하신 주님이 우리와 함께하시기 때문에 그렇습니다. 부활하신 주님은 우리를 떠나지 않으십니다. 우리를 멀리하지 않으십니다. 우리를 거절하지 않으십니다. 세상 끝 날까지 영원토록 우리와 함께하는 주님이 계신데, 그 주님이 지금도 살아 계시다는 것입니다. 우리의 삶이 이 부활하신 주님으로 말미암아 사망을 이기는 승리의 능력으로 가득하기를 소망합니다.

성숙한 제자로 나아가는 법

1. 제자는 부활의 능력으로 사망을 이긴다

인간의 삶에 가장 큰 절망이 있다면 아무리 노력해도 죽음을 이길 수 없다는 것이다. 그런데 놀라운 것은, 예수님께서 이 사망을 이기고 부활하셨으며, 예수님의 부활이 우리의 부활이고, 예수님께서 다시 사신 그 승리의 능력이 우리의 능력이 된다는 것이다.

2. 제자는 부활하신 주님의 인도를 받는다

우리는 우리 인생의 한 부분만을 보지만, 부활하신 주님은 우리 인생의 전체를 보고 계신다. 이 복음이 땅끝으로 전파될 때까지, 이 세상의 종말까지, 아니 영원토록 부활하신 주님이 우리 삶을 아름답게 인도해 주실 것을 믿으라.

3. 제자는 사명의 축복을 누린다

부활하신 주님, 생명의 주님을 만난 사람은 예수님을 증거하지 않을 수 없다. 입술로, 행위로, 우리의 모든 삶과 인격 그리고 우리의 모든 존재를 통해 예수 그리스도를 나누며 그분을 증거하는 인생을 살 수밖에 없다.

"오직 성령이 너희에게 임하시면 너희가 권능을
받고 예루살렘과 온 유대와 사마리아와 땅끝까
지 이르러 내 증인이 되리라 하시니라"(행 1:8).

성령의 권능으로 복음을 외치라

　　예수님께서 부활하신 후 제자들 앞에 나타나셨습니다. 제자들은 그렇게 예수님의 부활하신 모습을 보았습니다. 그들은 "너희에게 평강이 있을지어다"(요 20:19)라는 예수님의 축복의 말씀도 듣고, 예수님의 격려와 위로의 말씀도 듣고, 예수님의 명령도 들었습니다. 주님의 당부와 명령을 다 들었습니다. 그런데 예수님께서 40일 동안 이 땅에 거하면서 제자들의 모습을 보니 무엇인가 빠진 것이 있었습니다. 그들의 삶에 채워져야 할 무엇인가를 발견하신 것입니다. 그래서 예수님은 승천하기 전 마지막으로 제자들에게 말씀하셨습니다. 그것이 본문의 말씀입니다.

"오직 성령이 너희에게 임하시면 너희가 권능을 받고 예루살렘과 온 유대와 사마리아와 땅끝까지 이르러 내 증인이 되리라 하시니라"(행 1:8).

예수님께서 제자들의 삶을 보니 무엇이 필요했습니까? 권능이 필요했습니다. 권능은 헬라어로 '뒤나미스'(δύναμις)라 하는데, 이는 다이너마이트와 같은 강력한 힘을 의미합니다. 제자들이 겉으로 볼 때는 능력 있어 보이지만 실상은 권능이 없었다는 것입니다. 부활하신 주님도 보았고, 감격도 있었고, 평안의 메시지와 당부와 명령도 들었는데, 중요한 것은 그들 안에 권능이 없었다는 것입니다. 우리 인생에는 하나님이 주시는 권능이 있어야 합니다. 힘이 있어야 합니다. 세상을 이기기 위해, 유혹을 이기기 위해, 죄를 이기기 위해 그리고 하나님의 뜻을 이루어 가기 위해서는 성령의 권능이 필요합니다.

세상에는 많은 능력이 있습니다. 돈의 능력이 얼마나 대단합니까? 지식의 능력이 얼마나 위대합니까? 많은 사람에게 영향을 주는 것이 아닙니까? 권력, 지위, 명예는 또 어떻습니까? 육신의 능력은 또 어떻습니까? 이는 우리 인생에 많은 영향을 미치는 것들입니다. 그러나 세상의 능력이 아무리 중요해도 영혼의 능력, 성령의 권능이 없으면 세상의 능력은 무용지물이 될 뿐 아니라 오히려 그 능력이 우리의 영혼과 삶을 망가뜨릴 때가 너무 많습니다.

생각해 보십시오. 성령의 능력이 없을 때 돈 때문에 자신의 영혼과 삶을 망가뜨리는 경우가 얼마나 많습니까? 또한 성령의 능력이 없이 사용하는 지식은 우리를 교만하게 하지 않습니까? 세상의 권력이나 권세, 명예도 마찬가지입니다. 하늘로부터 부으시는 성령의 능력이 없이 사용하면 이기적으로 자신의 삶만을 세워 가고 많은 사람에게 고통을 주기 십상입니다. 육신의 건강도 그렇습니다. 차라리 건강이 없으면 세상 유혹에 빠져 살지 않을 텐데, 성령의 권능 없이 건강하다 보니 몸과 마음과 삶이 세상의 방탕 가운데 나아가는 안타까운 모습을 보게 됩니다.

그렇다면 성령의 권능은 어떻게 받을 수 있습니까? 성경에 보면 다양한 방식을 통해 받을 수 있습니다. 말씀을 통해서 임하기도 하고, 기도하는 가운데 성령의 권능이 강력하게 임하기도 합니다. 땅이 진동하듯이 성령이 강력함 가운데 임하는 것입니다. 또 사도들이 안수할 때 성령이 임하기도 하고, 찬송할 때 성령의 충만함이 권능으로 임하기도 합니다. 이렇게 하나님께서는 예배를 통해 권능 가운데 역사하십니다. 하지만 무엇보다 중요한 것은, 그 성령을 사모하고 기다리는 우리의 마음입니다. '성령님, 오시옵소서. 성령님, 역사하시옵소서. 이미 내 안에 내주하고 계신 성령이시여, 나에게는 힘이 없습니다. 나에게는 부족함이 많습니다. 나에게는 권능이 필요합니다. 능력이 필요합니다. 세상을 이기는 권능으로 충만하게 해 주시옵소서.' 이렇게 사모하고 기다릴 때 성령이 임하십니다.

그렇다면 성령의 권능이 임하는 제자된 성도의 삶은 무엇이 달라질까요? 어떤 역사가 나타날까요?

성령의 권능으로 변화되는 삶

여러 가지를 말할 수 있지만, 먼저는 교회를 통해서 알수 있습니다. 교회는 성령께서 이끌어 가시기 때문입니다. 그렇다면 성령이 역사하고 권능을 주시는 교회에는 어떤 일들이 일어날까요?

치유와 회복의 역사

우리는 많은 경우 교회를 병원에 비유합니다. 교회는 치료하는 곳이기 때문입니다. 상한 마음이 교회에 와서 예배드리면서 위로 받고 치유되어 회복되는 역사가 일어납니다. 영혼과 마음뿐 아니라 상한 육체도 성령의 능력으로 치유 받을 수 있습니다. 이처럼 혼과 영과 및 관절과 골수를 찔러 쪼개는 놀라운 역사가 바로 성령의 역사입니다. 성령께서 치유하십니다. 예수님께서는 이 땅에 사는 동안 성령의 충만함을 받아 치료하는 사역을 하셨습니다.

교회는 치료하는 곳이 되어야 합니다. 마찬가지로 우리 인생도 치유를 경험하고 치료하는 삶으로 나아가야 합니다. 예배드리러 올 때는 무거운 마음이지만, 예배를 통해 하나님의 치유와 만져 주심, 회복시켜 주시는 은혜를 받고 새 능력을 얻으면 예배 후에는 활기찬 생명력을 가지고 기쁜 얼굴로 주님이 주신 영광 가운데 나아가는 것입니다. 우리는 그런 축복을 누리는 그리스도인이 되어야 합니다.

영적인 지식의 자라 감

그런데 병원만이 아닙니다. 교회를 학교에 비유하기도 합니다. 교회는 배우는 곳이기 때문입니다. 말씀을 배우고, 예수님을 알아 가는 지식이 성장해 가는 곳이 바로 교회입니다. 구역 모임이나 성경 공부를 통해서, 또 제자 훈련을 통해서, 무엇보다 정기적인 예배와 말씀을 통해서 자라 가는 것입니다. 우리의 지식이 자라고 우리가 하나님의 말씀을 깨닫게 되는 것은 다 성령께서 하시는 일입니다. 진리의 성령께서 말씀을 조명하셔서, 말씀을 들을 때마다 깨달음을 얻어 우리의 지식이 늘어 가게 되는 것입니다.

영적인 양식의 공급

교회는 또 무엇에 비유됩니까? 식당입니다. 교회에 오면 많은 것을 먹게 됩니다. 다른 것이 아니라 영의 양식을 먹는 것입니다. 물론 초대 교회와 같이 떡을 떼고 다과를 나누면서 육신의 양식을 먹기도 합니다. 그러나 그보다 중요한 양식은 말씀을 통해 섭취하는 영의 양식입니다. 주위를 한번 둘러보십시오. 세상의 양식으로는 채워져 있는데 영의 양식이 없어 시들시들하거나 죽어 가는 많은 영혼이 있습니다. 그러나 말씀으로 꼴을 얻고 양식을 먹으면 건강해질 수 있습니다. 매우 힘 있고 균형 잡힌 영혼으로 하나님의 뜻을 이루는 건강한 삶으로 나아가는 것입니다.

영적인 군사로 거듭남

마지막으로 절대로 빼놓을 수 없는 교회의 정체성이 있습니다. 무엇입니까? 교회는 사명자들의 모임이라는 것입니다. 우리는 이것을 영적 군대로 표현합니다. 그리고 성도인 우리는 곧 영적인 군사입니다. 에스겔 37장을 보십시오. 마른 뼈와 같이 무너져 있는 이스라엘 백성에게 생기가 들어가자 그들이 하나님의 큰 군대가 되었습니다. 여기서 생기는 성령의 바람입니다. 성령이 역사하실 때 마른 뼈가 큰 군대로 일어난 것입니다.

교회에서 치유 받고 회복되어 새로워진 후에는 어떠한 삶을 살아야 합니까? 또 영적인 지식이 충만해지면 무엇을 위해 살아야 합니까? 또 영적인 꼴을 먹고 건강해진 이후의 삶은 어떠해야 합니까? 교회는 사명자의 캠프요, 영적 군대입니다. 세상에 복음을 증거하는 아름다운 영적 군대로서 세상을 이기는 공동체입니다. 예수님께서는 우리에게 성령이 임하시면 우리가 권능을 받고 놀라운 일을 하게 될 것인데, 바로 예루살렘과 온 유대와 사마리아와 땅끝까지 이르러 예수 그리스도, 곧 당신의 증인이 되리라고 말씀하셨습니다. 이 증인 공동체, 사명 공동체가 바로 교회요, 이것이 바로 제자의 삶입니다. 참으로 아름다운 삶이 아닐 수 없습니다.

예수 그리스도의 증인이 되는 삶

그런데 본문에서 주목해야 할 표현이 있습니다.

"땅끝까지 이르러 내 증인이 되리라"(행 1:8하).

예수님께서는 특별히 이 말씀 속에서 '증인이 되거라'라고 명령하신 것이 아니라, '증인이 되리라'라고 예언적으로 말씀하셨습니다. 명령을 받으면 조금 부담스럽습니다. 게다가 증인이 된다는 것은 전도사나 목사 또는 특별히 헌신된 선교사들만 해야 할 것처럼 생각됩니다. 하지만 그렇지 않습니다. 예수님은 이것을 사도들에게만 말씀하지 않으셨습니다. 또한 예루살렘의 한 다락에 모여 기도했던 120명의 제자에게만 말씀하지 않으셨습니다. 예수님은 이것을 지금도 살아서 역사하시는 성령의 감동으로 기록한 후 이 말씀을 성령의 감동 가운데 받는 모든 성도에게 말씀하고 계십니다.

생각해 보십시오. 우리는 왜 이 땅에서 살아가고 있습니까? 천국에 가면 너무나도 복된 영화를 누리며 살아갈 텐데 하나님은 왜 우리의 삶을 이 땅에 두셨을까요? 우리는 장래 일을 알지 못합니다. 내일 일도 알 수 없습니다. 그러나 예수 그리스도의 복음을 증거하는 사명이 있기에 생명을 주고 우리를 이 땅에 남겨 두신 것입니다. 때로는 지치고 힘들고 어려운 일을 만나겠지만, 성령께서 주시는 권능으로 제자의 삶, 증인의 삶을 살라고 우리를 이 땅에 두신 것입니다.

증인이 되라는 명령은 부담이 되었겠지만, 예언의 말씀은 우리에게 큰 기쁨과 소망을 줍니다. 여기에는 주님의 강력한 자신감과 소원이 담겨 있습니다. 주님께서 그렇게 만들어 주시겠다는 것입니다. 우리의 힘으로는 증인이 될 수 없지만, 성령이 임하시면 그렇게 될 수밖에 없다고 말씀하시는 것입니다.

사실 모든 인생은 늘 무엇인가를 증거하며 살아갑니다. 예수님을 만나기 전에도, 성령의 권능을 받기 전에도 우리는 무엇인가를 증거하며 살았습니다. 그런데 성령의 충만함을 받으면 그 내용이 달라집니다. 어떻게 달라집니까? "내 증인이 되리라"는 주님의 말씀처럼 우리가 예수님을 증거하면서 살게 됩니다. 성령의 충만함을 받기 전에는 '나'와 다른 것들을 증거하는 삶이었습니다. 내 안에 있는 상처를 드러내고, 내 안에 있는 분노와 미움과 염려를 쏟아 놓고, 세상의 온갖 자랑거리들을 드러내며 증거하는 삶이었습니다. 그런데 성령의 권능이 임하면 '나'와 세상의 것들을 증거하기보다 예수 그리스도를 증거하게 된다는 것입니다.

어느 날 여행을 갔다가 멋있는 경치를 구경했거나 맛있고 좋은 음식을 먹었다고 생각해 보십시오. 그것을 혼자만 알고 지나갑니까? 거기에 한번 가 보라고, 그 음식을 한번 먹어 보라고, 너무 좋았다고, 너무 멋있고 맛있었다고 주변 사람들에게 자랑하고 소개하지 않습니까? 그것도 모자라 사진으로 찍어서 보여 주지 않습니까? 좋은 사람을 만나면 또 어떻습니까? 그 사람을 지인들에게 소개해 주고 싶지 않습니까? 그런데 예수님을 만났습니다. 나의 유일한 구원자 되신 예수님을 만난 것입니다. 은혜와 평강과 축복과 응답을 받았는데 어떻게 그분을 전하지 않을 수 있겠습니까? 주님께서 주신 사랑과 은혜에 대해 간증하고, 찬양하고, 고백하며 예수 그리스도의 증인이 되어 살아가는 것입니다. 세상의 그 무엇보다 예수 그리스도를 증거하는 그리스도인이 되십시오.

복음 전파의 거점이 되는 삶

그렇다면 이 복음의 역사는 어디에서부터 시작될까요? 예루살렘일까요? 사마리아일까요? 유대일까요? 아닙니다. "오직 성령이 너희에게 임하시면." '너희'가 중요합니다. 예수님의 말씀을 받는 제자, 곧 우리의 삶으로부터 복음이 확장되어 가는 것입니다.

그래서 우리 교회는 비전 캠퍼스 사역을 이루어 가고 있습니다. 십자가가 달려 있는 전통적인 교회 형태의 개척은 아닐지라도, 마치 초대 교회 성도들이 카타콤에 모여서 예배하고 복음을 나누었던 것처럼 우리의 삶이 거점이 되어서 비전 캠퍼스를 개척해 가는 것입니다.

놀라운 것은, 교회학교 학생들이 지난 수년 동안 많은 비전 캠퍼스를 중·고등학교에 개척했다는 것입니다. 비전 캠퍼스를 개척해서 주일에만 예배드리는 것이 아니라, 학교와 교실 안에서 기독 교사와 함께 삶의 자리에서 예배드리고 기도하면서 믿지 않는 친구들에게 복음을 전한 것입니다. 청년들도 대학교와 직장 안에 비전 캠퍼스를 개척했습니다. 평일에 직장 한복판에서 예배하면서 직장 생활하는 많은 영혼을 위해 중보하며 복음을 전하고 있습니다. 얼마나 감사한지 모릅니다. 나를 부르신 그 자리에서 예수 그리스도의 복음을 전하는 것입니다. 그 자리가 거점이 되는 것입니다. 나로부터 복음이 증거되는, 예수 그리스도의 복음을 증거하는 삶을 살아가는 것입니다.

국내뿐만 아니라 해외 선교지에서도 선교사님들을 통해서 교회와 비전 캠퍼스가 개척되고 있습니다. 한 예로, 중국은 선교사님과 연합해서 비즈니스 선교 분야에서 놀라운 일들을 이루어 가고 있습니다. 놀라운 거점이요, 놀라운 사역입니다. 모이면 기도하고 흩어지면 복음을 전하는 아름다운 일들을 이루어 가고 있습니다.

본문에서 예수님은 네 군데의 거점을 말씀하십니다. 그 중 예루살렘은 예수님께서 부활하신 곳입니다. 유대는 달란트와 은사를 통해서 하나님의 사랑을 증거하고 자신의 소명을 감당하기에 어려움이 없는 곳입니다. 반면 사마리아는 당시에 유대인들이 가기를 꺼렸던 소외된 지역이라 할 수 있습니다. 그리고 땅끝도 사마리아와 다르지 않을 것입니다.

오늘날 이 땅에는 많은 사마리아 지역과 같은 곳이 있습니다. 어디가 사마리아입니까? 북한이 사마리아일 수도 있고, 우리나라에 들어와 있는 220만이 넘는 이주민, 외국인, 다문화 가정이 사마리아일 수도 있습니다. 우리는 하나님이 부르신 자리를 거점으로 삼아 예수 그리스도를 증거하는 일에 쓰임 받는 제자가 되어야 합니다.

중요한 것은 하나님이 나를 어디로 부르셨는가입니다. 불신 가정 안에서 혼자 예수님을 믿고 있다면 하나님은 당신을 가정의 선교사로 부르신 것입니다. 또한 직장에 다니고 있다면 하나님께서 왜 나를 그곳에 보내셨을까를 생각해야 합니다. 다른 사람이 아닌 나를 그 직장에 다니게 하셨다면, 나를 통해 그곳에 예수 그리스도를 증거하고자 하시는 하나님의 놀라운 계획이 있는 것입니다. 어디에 있든, 우리를 부르고 살아가게 하시는 삶의 자리에서 아름답게 복음을 증거하며 하나님의 기쁨이 되어 살아가는 그리스도인이 되기를 바랍니다.

성숙한 제자로 나아가는 법

1. 제자는 성령의 권능으로 변화된 삶을 산다

교회는 치료하는 곳이 되어야 한다. 마찬가지로 우리 인생도 치유를 경험하고 치료하는 삶으로 나아가야 한다. 예배드리러 올 때는 무거운 마음이지만, 예배를 통해 하나님의 치유와 만져 주심, 회복시켜 주시는 은혜를 받고 새 능력을 얻으면 예배 후에는 활기찬 생명력을 가지고 기쁜 얼굴로 주님이 주신 영광 가운데 나아가야 한다.

2. 제자는 예수 그리스도의 증인 된 삶을 산다

증인이 되라는 명령은 부담이 되었지만, 예언의 말씀은 우리에게 큰 기쁨과 소망을 준다. 여기에는 주님의 강력한 자신감과 소원이 담겨 있다. 주님께서 그렇게 만들어 주시겠다는 것이다. 우리의 힘으로는 증인이 될 수 없지만, 성령이 임하시면 그렇게 될 수밖에 없다고 말씀하신다.

3. 제자는 복음 전파의 거점이 되는 삶을 산다

복음의 역사는 어디에서부터 시작되는가? 예루살렘인가? 사마리아인가? 유대인가? 땅끝인가? 아니다. 예수님의 말씀을 받는 제자, 곧 우리의 삶으로부터 복음이 확장되어 간다.

"그 후에 열한 제자가 음식 먹을 때에 예수께서 그들에게 나타나사 그들의 믿음 없는 것과 마음이 완악한 것을 꾸짖으시니 이는 자기가 살아난 것을 본 자들의 말을 믿지 아니함일러라 또 이르시되 너희는 온 천하에 다니며 만민에게 복음을 전파하라 믿고 세례를 받는 사람은 구원을 얻을 것이요 믿지 않는 사람은 정죄를 받으리라 믿는 자들에게는 이런 표적이 따르리니 곧 그들이 내 이름으로 귀신을 쫓아내며 새 방언을 말하며 뱀을 집어 올리며 무슨 독을 마실지라도 해를 받지 아니하며 병든 사람에게 손을 얹은즉 나으리라 하시더라"(막 16:14-18).

믿음으로 반응하라

앞 장의 본문인 사도행전 1장 8절은 예수님께서 승천하기 전에 하신 말씀입니다. 그런데 이 내용이 사도 행전에만 기록되어 있는 것은 아닙니다. 사복음서에 모두 기록되어 있습니다. 그중 마태복음 28장 19-20절을 보십시오.

"그러므로 너희는 가서 모든 민족을 제자로 삼아 아버지 와 아들과 성령의 이름으로 세례를 베풀고 내가 너희에게 분부한 모든 것을 가르쳐 지키게 하라 볼지어다 내가 세 상 끝 날까지 너희와 항상 함께 있으리라."

우리와 함께하고 계시는 주님이 가라고 말씀하십니다.

어디로 가라고 하십니까? 모든 민족에게 가서 복음을 전하고, 세례를 주고, 주님께서 우리에게 분부한 모든 것을 가르쳐 지키게 하라고 말씀하십니다. 다른 복음서도 마찬가지입니다. 주님은 우리에게 복음을 전파하라는 귀한 사명을 주신 것입니다. 본문 15절을 보십시오.

"너희는 온 천하에 다니며 만민에게 복음을 전파하라."

이것은 그냥 읽을 말씀이 아니라 우리가 받들어 읽어야 하는 말씀입니다. 예수님께서 유언같이 하신 말씀으로, 강력한 주님의 소원과 그 마음이 담겨 있기 때문입니다. 복음을 전파하는 이 귀한 사명을 주님께서 유언과 같이 우리에게 맡겨 주신 것입니다. 전도와 선교, 복음을 들고 세상에 나가 예수 그리스도를 전파하는 일은 주님께서 원하시는 너무나도 귀한 삶인 것입니다.

그런데 이 복음 전파에 대해 말씀하시면서 본문에서는 특별히 복음 전파와 연결되는 어떤 특별하고도 독특한, 중요한 주제와 연결시켜 말씀하고 계십니다. 그 주제가 무엇입니까? 바로 믿음에 관한 내용입니다. 본문 14절에는 예수님께서 제자들을 꾸짖으시는 장면이 나옵니다.

예수님의 책망의 대상은 보통 죄를 비롯한 사탄, 마귀, 귀신 등 악한 것들이었습니다. 그러나 때로는 당신을 따르는 자들, 대개는 제자들을 책망하셨습니다. 언제 책망하셨습니까? 그들의 믿음이 적거나 없을 때 책망하셨습니다. 우리에게 정말 중요한 간구의 소원이 있다면, 우리는 주님 앞에 절대로 책망을 받아서는 안 된다는 것입니다. 우리가 믿음에 있어서는 주님의 꾸지람을 듣는 것이 아니라, 주님께 칭찬받고 그분의 기쁨이 되는 믿음의 사람이 되어야 합니다.

"믿음이 없이는 하나님을 기쁘시게 하지 못하나니 하나님께 나아가는 자는 반드시 그가 계신 것과 또한 그가 자기를 찾는 자들에게 상 주시는 이심을 믿어야 할지니라"(히 11:6).

당신에게는 믿음이 있습니까? 믿음이 있어야 하나님을 기쁘시게 할 수 있습니다. 그런데 이것은 어떤 믿음입니까? 하나님이 계신 것과 그분이 함께하시는 것 그리고 그분에게 나아가는 자, 곧 그분을 찾는 자에게 상 주시는 이심을 믿는 것입니다.

이 믿음의 자리가 어디입니까? 우리의 마음입니다. 마음으로 믿어 의에 이르는 것입니다. 그런데 제자들을 보니 믿음이 없고 마음이 완악해져 있었습니다. 그래서 예수님이 책망하신 것입니다. 마음이 완악해져 있다는 것은 완전히 굳어져서 딱딱하게 되었다는 것입니다. 완전히 말라서 비틀어져 있는 것입니다. 그렇기에 믿음이 들어갈 여지가 없는 것입니다. 마음이 완악하면 은혜를 받을 수 없습니다. 마음이 완악하면 말씀이 들리지 않습니다. 마음이 완악하면 기도가 되지 않습니다. 그 결과 믿음의 자리에서 떠나게 됩니다. 그래서 주님이 책망하시는 것입니다. 우리는 굳어진 마음이 아니라 하나님이 기뻐하시는 믿음을 소유한 마음을 가져야 합니다. 주님께서는 이 믿음 가운데 우리를 칭찬하시고, 이 믿음 가운데 우리 삶의 일들을 이루어 가십니다.

믿음에도 진짜와 가짜가 있습니다. 진짜 믿음은 우리의 삶을 맡겨 드리는 것입니다. 예수님께 꼭 붙어 있는 것입니다. 갈라디아서 2장 20절 말씀처럼 주님이 우리 안에, 우리가 주님 안에 거하는 것입니다. 우리의 생각을 의지하는 것이 아니라, 이 현실을 따라 사는 것이 아니라, 현실을 넘어선 하나님의 가능성과 하나님의 역사하심을 보는 것입니다. 주님은 우리가 이 믿음을 가지고 살아야 한다고 말씀하십니다.

그렇다면 예수님은 왜 이렇게 믿음을 강조하실까요? 왜 믿음에 대해서 꾸중하고 책망하고, 때로는 칭찬하거나 기뻐하시는 것일까요? 왜 이렇게 믿음을 중요하게 다루시는 것일까요? 이유가 있습니다. 믿음은 믿음 자체로 끝나는 것이 아니라, 반드시 어떠한 역사를 나타내기 때문에 그렇습니다. 믿음은 살아 있기 때문에 운동력이 있습니다. 다시 말하면, 믿음은 어떤 일들, 어떤 결과들, 어떤 역사들을 이루어 낸다는 것입니다. 그렇기에 주님이 믿음을 너무나도 귀하고 중요하게 다루시는 것입니다.

그렇다면 믿음에는 어떠한 역사가 나타날까요? 본문의 각 구절을 통해서 세 가지로 살펴보고자 합니다.

믿음은 구원을 받게 한다

첫째, 우리는 믿음으로 구원을 받습니다. 본문 16절을 보십시오.

"믿고 세례를 받는 사람은 구원을 얻을 것이요 믿지 않는 사람은 정죄를 받으리라."

믿음이 있으니까 그 믿음을 고백하면서 세례를 받는 것이 아닙니까? 그런데 믿음이 구원을 얻게 한다는 것입니다. 믿음으로 구원을 얻는다는 것은 놀라운 사실입니다. 구원을 얻는다는 것은 살아난다는 것이기 때문입니다. 어떻게 구원을 받을 수 있습니까? 죄 사함을 받아야 받을 수 있습니다. 죄로 말미암은 심판과 저주, 사망을 이기는 것이 구원입니다. 그런데 이 구원을 우리의 공로나 노력, 또는 행위가 아니라 예수 그리스도의 공로로 말미암아 믿음으로 받는다는 것입니다.

우리의 선행이나 지식과 지혜로는 절대로 구원을 받을 수 없습니다. 어떠한 종교적인 노력이나 인격적인 수양을 쌓는다 하더라도 절대로 구원받을 수 없는 것입니다. 그래서 믿음으로 구원받는 사람은 절대로 자신의 인생을 자랑할 수 없습니다. 다 하나님의 은혜입니다. 그래서 오직 예수님의 십자가만을 자랑하게 되는 것입니다. 왜냐하면 예수 그리스도의 십자가, 그 보혈의 능력으로 말미암아 구원받았기 때문입니다.

우리는 믿음으로 말미암아 구원받았습니다. 세상 것으로 구원받은 것이 아니라, 예수 그리스도께서 십자가에서 하신 일을 통해서, 그분을 믿고 영접함으로써 구원을 받은 것입니다. 그러다 보니 믿음으로 구원받은 사람은 라이프 스타일이 바뀝니다. 삶의 방식 자체가 바뀌는 것입니다. 어떻게 바뀝니까? 바로 믿음의 주님 되시는 예수 그리스도를 전파하면서 살아가게 됩니다. 믿음으로 먼저 구원받았기 때문에, 구원받지 못한 세상을 향해 예수님을 믿으라고 전파하는 것입니다.

예수 그리스도의 구원을 전파하는 인생은 그 안에 믿음으로 말미암아 구원을 얻는다는 확신이 있습니다. 우리 안에 믿음이 있을 때 믿음의 주 되시는 예수 그리스도를 전파하게 되는 것입니다. 믿음의 역사입니다. 믿음이 살아서 우리 가운데 역사한 것입니다. 우리가 복음을 전할 때에도 동일한 믿음의 역사가 나타남을 믿으십시오.

믿음은 표적을 드러낸다

그러나 구원의 역사만 있는 것이 아닙니다. 우리가 이

땅을 살아갈 때 또 다른 믿음의 역사가 뒤따르게 됩니다.
본문 17절을 보십시오.

"믿는 자들에게는 이런 표적이 따르리니 곧 그들이 내 이
름으로 귀신을 쫓아내며 새 방언을 말하며."

표적이 따른다는 것은 증거가 나타난다는 것입니다. 예
수님을 믿는 사람에게는 간증과 역사가 나타난다는 것입
니다. 본문에서는 어떤 역사가 나타났습니까? 예수님의
이름으로 귀신을 쫓아내고 새 방언을 말했습니다. 한마
디로 영적 승리를 이룬 것입니다.

귀신을 쫓아내다

우리는 세상을 이길 수 없습니다. 원수, 대적, 마귀, 귀
신을 우리 힘으로는 이길 수 없습니다. 그러나 믿음으로
말미암아 예수님께 붙어 있어 그분을 의탁하면 예수님의
부활의 능력이 우리 능력이 되기 때문에 예수의 이름으
로 내쫓을 수 있습니다. 교회는 믿음의 공동체입니다.
교회 안에서 믿음으로 선포할 때 어둠의 영과 더러운 원
수인 사탄, 마귀, 귀신들은 다 떠나가게 될 것을 믿으십

시오.

우리의 정체성은 '믿는 자'입니다. 우리가 가졌든지 못
가졌든지, 병들었든지 건강하든지, 지식이 있든지 없든
지, 어떤 형편에서든지 중요한 것은 우리가 믿는 자라는
것입니다. 그런데 믿는 자들에게 나타난 역사가 무엇입
니까? 귀신들이 떠나간다고 말씀하십니다. 그렇다면 우
리는 귀신이 어떤 존재인지를 알아야 합니다.

당신은 귀신이나 귀신 들린 사람을 본 적이 있습니까?
사실 우리가 생각하는 모습으로 나오는 귀신은 수준이
낮은 귀신입니다. 성경을 보십시오. 귀신은 광명한 천사
처럼 등장합니다. 그래서 영적인 분별력이 중요합니다.
영적인 분별력이 없다면, 깨어 있지 않다면 귀신이 귀신
인지도 모르고 시험에 들게 됩니다. 귀신이 꾀는지도 모
르고 그 꾐에 넘어가는 것입니다. 베드로전서 5장 8절을
보십시오.

"근신하라 깨어라 너희 대적 마귀가 우는 사자같이 두루
다니며 삼킬 자를 찾나니."

우리 중에 어느 누구도 예외가 아닙니다. 그래서 근신

하고 깨어 있으라고 말씀하시는 것입니다. 귀신들의 우두머리가 있습니다. 바로 사탄입니다. 사탄을 한마디로 표현한다면 '믿음에서 떠나게 하는 존재'입니다. 하나님을 믿지 못하게 하는 존재라는 것입니다. 믿음에서 떠나 죄를 짓고 하나님께서 싫어하시는 일만 골라 하게 하는 존재라고 보면 쉽습니다. 갈등하게 만드는 존재라는 것입니다. 우리는 이 마귀에게 삼킨바 되어서는 안 됩니다. 그 노략질의 대상이 되어서는 안 됩니다. 근신하고 깨어 있어야 합니다. 사탄은 믿음을 빼앗기 위해서 오기 때문에, 믿음의 사람이 귀신을 내쫓는 것입니다.

우리는 사탄을 대적하기 위해 그들의 전공 분야를 알 필요가 있습니다. 성경은 대표적으로 세 가지를 이야기합니다. 첫 번째는 거짓이고, 두 번째는 분열이고, 세 번째는 어두움입니다. 우선, 성경은 마귀를 거짓의 아비라고 이야기합니다. 얼마나 거짓말을 잘하는지 모릅니다. 거짓말도 굉장한 확신을 가지고 말합니다. 참말인 것처럼 거짓말을 합니다. 그러다 보니 얼마나 잘 꾀는지 모릅니다. 처음 아담과 하와를 꾀었을 때 뭐라고 이야기합니까?

"하나님이 참으로 너희에게 동산 모든 나무의 열매를 먹지 말라 하시더냐"(창 3:1).

하나님은 이런 말씀을 하신 적이 없으십니다. 모든 열매가 아니라 선악을 알게 하는 나무의 열매만을 먹지 말라고 말씀하셨습니다. 이는 하나님을 향한 불신의 마음을 넣어 주는 것입니다. 하나님의 말씀인 것 같은데 뒤에서 틀어 버리는 것입니다. 이단이 그렇습니다. 이단(異端)이 무엇입니까? 끝(端)이 다른(異) 것입니다. 하나님의 말씀을 똑같이 이야기하는 것 같은데 끝이 이상하게 다릅니다. 이게 거짓의 영입니다. 이게 사탄의 유혹입니다. 정말 참된 것 같은데 확신을 가지고 거짓을 심어 주는 것입니다.

사탄은 이렇게 거짓을 행하면서 무엇을 이루어 갑니까? 우리를 분열시킵니다. 이간질시키는 것입니다. 마귀는 헬라어로 '디아볼로스'(διάβολος)라 하는데, 이것이 바로 분열시킨다는 의미입니다. 거짓을 심어 줘서 이간질시키는 것입니다. 아담과 하와를 이간질시킨 것처럼 성도들의 관계를, 믿음의 공동체를 이간질시킵니다. 그렇게 분리시켜 떠나게 하는 것입니다. 문제는 이것이 우리의 마음도 분리시킨다는 것입니다. 마음을 쪼개고 나누어 결국에는 흩어 버리는 것입니다. '하나님을 섬길 것이냐, 세상도 같이 섬길 것이냐? 하나님께 충성할 것이냐, 세상에도 충성할 것이냐?' 이렇게 마음을 나누고 흩어 버리니 하나님의 복음을 위해 살아가는 인생이 힘을 못 받는 것입니다.

이런 인생은 결국 믿음의 자리에서 떠나고, 하나님으로부터 떠나게 됩니다. 그러니까 은혜가 안 되는 것입니다. 말씀이 들리지 않는 것입니다. 기도도 안 되고, 찬송도 안 되고, 그렇게 믿음 가운데서 멀어지게 되는 것입니다. 만일 당신의 삶이 이러하다면, 당신은 지금 사탄의 공격을 받고 있는 것입니다. 성령의 역사, 예수 이름의 역사는 그런 것이 아닙니다. 성령은 하나 되게 하신 것을 힘써 지키게 하십니다. 하나 되게 해서 사랑하고, 섬기고, 높이고, 하나님의 영광을 위해서 쓰임 받도록 나아가게 하십니다.

사탄이 거짓으로 이간질시키고 하나님으로부터 고립되게 한 다음에 이루는 것이 무엇입니까? 어두움입니다. 어두움 가운데 몰아넣는 것입니다. 예수 그리스도는 빛이십니다. 그러나 믿음에서 떠나게 되면 어두워집니다.

인생이 어두워지는 것입니다. 인생에 절망이 찾아오면 어떻습니까? 그 안에 평강이 없습니다. 기쁨이 없습니다. 절망하고, 포기하고, 정죄하고, 비난하고, 어두운 생각을 하고, 하나님께서 주시는 아름다운 것들이 아니라 세상과 짝하면서 세상의 유혹에 빠져 들어가는 어두운 인생을 살아가게 됩니다.

그렇다면 이 모든 것을 어떻게 이길 수 있습니까? 세상의 능력으로는 절대로 이길 수 없지만, 믿음으로 이긴다고 말씀하십니다. 믿음으로 말미암아 어둠의 영이 떠나가고 하나님의 역사, 그 승리를 이루게 되는 것입니다. 우리 삶에 이 승리의 역사가 나타나기를 소망해야 합니다.

새 방언을 말하다

새 방언은 자연적인 은사가 아니라 초자연적인 은사입니다. 하나님이 주시는 것입니다. 내가 말하는 것이 아니라 하나님이 주셔서 말하는 것이 방언입니다. 사도행전에 보면 성령이 임했을 때 방언을 말했습니다. 방언을 말한다는 것은 우리의 혀와 언어를 하나님이 주장하신다는 것입니다.

언어를 바꾼다는 것은 언어에 담겨 있는 인생을 바꾼다

149

는 것입니다. 언어에는 우리의 인격이 담겨 있고, 마음이 담겨 있고, 삶의 모든 코스가 담겨 있기 때문입니다. 이처럼 새 방언을 말하게 한다는 것은 성령께서 역사하셔서 우리 삶의 모든 것을 바꾸겠다고 말씀하시는 것입니다.

왜 은사를 주십니까? 능력 있게 복음을 전파하라고, 영적 승리를 이루라고, 승리의 삶을 살라고 영적 은사를 주시는 것입니다. 그런데 새 방언입니다. 옛 방언만 가지고 계속 우려먹는 것이 아니라, 날마다 새롭게 하신다는 것입니다. 이것이 믿음으로 가능하다는 것입니다. 어제 주셨던 하나님의 은혜가 있고, 오늘 주시는 또 다른 새로운 은혜가 있다는 것입니다. 새 방언을 말하며 하나님께 붙들려 쓰임 받는 그리스도의 참 제자가 되기를 바랍니다.

믿음은 영적 보호와 회복을 일으킨다

믿음의 마지막 역사는 무엇입니까? 본문 18절을 보십시오.

"뱀을 집어 올리며 무슨 독을 마실지라도 해를 받지 아니하며 병든 사람에게 손을 얹은즉 나으리라.”

이것을 한마디로 말한다면 영적 보호와 영적 회복의 역
사입니다. 믿음의 사람에게는 영적 보호하심이 있고, 영
적인 치유와 회복이 나타난다는 것입니다.

보호하심

앞의 말씀을 잘못 적용해서는 안 됩니다. 이것은 비유
이므로 아무거나 만지고 아무거나 마셔서는 안 됩니다.
물론 문자 그대로 뱀이나 독 자체일 수도 있습니다. 그러
나 이 말씀이 기록된 당시의 배경과 문맥을 본다면 어쩔
수 없이 뱀을 집어 올리게 되거나 어쩔 수 없이 독을 마셨
을 때, 원치 않게 그런 일들이 닥쳤을 때를 이야기하는 것
입니다. 마치 바울이 멜리데 섬에서 불 속에서 튀어나온
뱀에 물렸을 때 하나님이 보호하고 해를 받지 않게 하셨
던 것처럼 말입니다.

인생을 살다 보면 예기치 않았던 뱀이 우리를 물려고
덤비거나 독을 마시듯 어려운 일을 당할 때가 있습니다.
사업이 망할 수도 있고, 질병에 걸릴 수도 있고, 자녀에게
문제가 생길 수도 있고, 조롱과 박해와 어려움과 고난이

삶 가운데 예기치 않게 닥쳐올 수도 있습니다. 그러나 믿음의 사람은 그 모든 것이 닥쳐와도 절대로 삶이 깨어지지 않는다고 말씀하십니다. 우리 삶은 절대로 끝나지 않는다는 것입니다. 시편 23편 4절을 보십시오.

"내가 사망의 음침한 골짜기로 다닐지라도 해를 두려워하지 않을 것은 주께서 나와 함께하심이라 주의 지팡이와 막대기가 나를 안위하시나이다."

이 믿음입니다. 이 믿음을 가지십시오. 하나님께서는 이 믿음을 방패로 사용해서 모든 영적인 공격을 막고 보호해 주십니다.

바울은 에베소서 6장을 통해 하나님의 전신 갑주를 입으라고 말합니다. 우리의 싸움은 눈에 보이는 혈과 육을 상대하는 것이 아니라 하늘에 있는 악의 영들을 상대하는 싸움이기 때문입니다. 전신 갑주에는 여러 가지가 있지만, '모든 것 위에 믿음의 방패를 가지라'고 이야기합니다. 여기서 '모든 것'은 말 그대로 모든 것입니다. 모든 일을 믿음으로 하십시오. 기도, 찬양, 예배와 같은 신앙생활은 물론 직장 생활을 할 때도, 자녀를 키우는 일이나 가정

생활에 있어서도 믿음으로 하십시오. 믿음이 우리의 삶을 보호합니다. 믿음이 우리 삶을 지켜 주는 것입니다. 우리는 이 귀한 은혜를 누릴 수 있어야 합니다.

회복하게 하심

믿음은 또한 놀라운 치유, 곧 회복의 역사를 일으킵니다. 야고보서에서도 믿음의 기도는 병든 자를 일으킨다고 약속하셨습니다(약 5:15). 하나님의 약속입니다. 이 약속의 말씀을 붙잡고 간구하십시오. 주님 앞에 매달리십시오. 믿음의 기도와 간구를 통해 병과 약한 것들이 다 치유 받게 되기를 바랍니다.

사실 우리는 본질적으로 다 치유 받은 것입니다. 예수 그리스도를 믿는 믿음으로 우리의 영이 새롭게 되었습니다. 우리의 죄의 독소가 빠지고 죄로 말미암은 사망이나 심판이나 저주가 다 끊어졌습니다. 예수님 안에서 새로운 피조물로 거듭난 것입니다. 하나님의 자녀로서 새로운 인생을 살아가고 있는 것입니다.

"사랑하는 자여 네 영혼이 잘됨같이 네가 범사에 잘되고 강건하기를 내가 간구하노라"(요삼 1:2).

위의 말씀처럼 우리의 영혼이 잘되고 회복된 것입니다.

믿음에는 이런 역사들이 있습니다. 믿음에는 구원의 역사가 있고, 영적 승리의 역사가 있고, 영적인 보호하심과 치료와 회복의 역사가 있습니다. 이 믿음을 가지고 세상에 가서 전파하라고 말씀하시는 것입니다. 먼저 믿은 우리의 삶에 이러한 믿음의 역사들이 나타나야 하고, 이 복음을 전할 때 믿지 않는 영혼들의 삶 가운데 동일한 역사가 나타나는 것을 보게 되는 것입니다.

세상에서 이 영적인 승리를 모르고 어둠의 영에 붙잡혀서 이리저리 끌려 다니며 죄의 종노릇하는 인생이 얼마나 많습니까? 영적인 은사와 하나님의 영적인 능력을 알지 못하고 살아가는 인생이 얼마나 많습니까? 하나님의 보호하심과 치료와 회복의 역사를 체험하지 못하고 살아가는 인생이 얼마나 많습니까? 무엇보다 믿으면 구원받는데 구원받지 못한 영혼이 우리 주위에 얼마나 많이 있습니까? 그들에게 복음을 전하는 것입니다. 그들에게 믿음의 대상인 예수 그리스도를 증거하는 것입니다. 그들이 믿고 영적 승리를 이룰 수 있도록, 그들이 믿고 영적인 보호하심을 받을 수 있도록, 그들이 믿고 영적인 치유와 회복을 누릴 수 있도록, 무엇보다 그들이 믿고 영원한 생명을 얻을 수 있도록 복음을 전파해야 하는 것입니다.

로마서 10장 13절은 "누구든지 주의 이름을 부르는 자는 구원을 받으리라"라고 말씀합니다. 우리가 주님의 이름을 부르는 것이 얼마나 감사한지 모릅니다. 우리는 주님의 이름을 부르기 때문에 구원받는 것입니다. 그런데 믿지 않는 영혼들도 주님의 이름을 불러야 합니다. 그래야 그들의 영혼이 구원받을 수 있습니다. 하지만 그들이 주님의 이름을 부르기 전에 선행되어야 할 것이 있습니다. 이어지는 말씀을 보십시오.

"그런즉 그들이 믿지 아니하는 이를 어찌 부르리요 듣지도 못한 이를 어찌 믿으리요 전파하는 자가 없이 어찌 들으리요 보내심을 받지 아니하였으면 어찌 전파하리요 기록된바 아름답도다 좋은 소식을 전하는 자들의 발이여 함과 같으니라"(롬 10:14-15).

우리에게 어떻게 믿음이 생겨서 예수님의 이름을 부르고 그 결과 구원받게 되었는지 생각해 보십시오. 하나님께서 보내신 누군가의 전파로 하나님의 말씀을 들은 것입니다. 우리도 마찬가지입니다. 구원받지 못한 수많은 영혼, 죄의 사슬에 매여 어둠과 절망 속에서 방황하는 하나님을 알지 못하는 영혼들에게 보내심을 받고 나아가 복음을 전파해야 합니다. 그렇게 복음을 전할 때 들은 말씀을 통해서 믿음이 생기는 것입니다. 그렇게 믿음이 생기면 주의 이름을 부르고, 주의 이름을 부르다 구원을 받게 되는 것입니다.

하나님은 죽어 가는 영혼들, 어둠 가운데 사로잡혀 있는 영혼들에게 믿음의 역사가 나타나기를 원하십니다. 그래서 우리는 예수 그리스도의 복음을 증거하는 것입니다. 우리가 부르짖으면서 복음을 전할 때 우리의 삶을 통해 믿음의 역사, 구원의 역사, 승리의 역사가 나타나기를 간절히 사모하십시오.

성숙한 제자로 나아가는 법

1. 제자는 믿음으로 구원을 받는다

믿음으로 구원을 받는다는 것은 놀라운 사실이다. 구원을 받는다는 것은 살아난다는 것이기 때문이다. 죄로 말미암은 심판과 저주, 사망을 이기는 것이 구원인데, 이 구원을 우리의 공로나 노력, 또는 행위가 아니라 예수 그리스도의 공로로 말미암아 믿음으로 받는다는 것이다.

2. 제자는 믿음으로 표적을 드러낸다

표적이 따른다는 것은 증거가 나타난다는 것이다. 예수님을 믿는 사람에게는 간증과 역사가 나타난다는 것이다. 예수님의 이름으로 귀신을 쫓아내고 새 방언을 말했다는 것은 한마디로 영적 승리를 이루었다는 것이다.

3. 제자는 믿음으로 영적 보호와 회복을 누린다

모든 일을 믿음으로 하라. 기도, 찬양, 예배와 같은 신앙생활은 물론 직장 생활을 할 때도, 자녀를 키우는 일이나 가정생활에 있어서도 믿음으로 하라. 믿음이 우리의 삶을 보호한다.

"자녀들아 주 안에서 너희 부모에게 순종하라 이것이 옳으니라 네 아버지와 어머니를 공경하라 이것은 약속이 있는 첫 계명이니 이로써 네가 잘되고 땅에서 장수하리라 또 아비들아 너희 자녀를 노엽게 하지 말고 오직 주의 교훈과 훈계로 양육하라"(엡 6:1-4).

말씀으로 믿음의 가정을 세우라

그리스도인에게는 두 형태의 가정이 있습니다. 하나는 부모와 형제자매, 자녀와 같은 혈육으로 이루어진 육신의 가정이고, 다른 하나는 하나님을 아버지라 부르며 구원받아 하나님의 자녀가 된, 예수 그리스도의 피로 맺어진 영적인 가족입니다.

정말 행복한 인생은 하나님을 만난 인생, 하나님 안에서 구원의 기쁨을 누리는 인생입니다. 하나님을 만나고 구원받아 영원한 생명을 얻었을 때 비로소 우리 인생에 진정한 행복이 시작되는 것입니다. 그러나 하나님은 우리만 행복하기를 바라지 않으십니다. 우리의 삶을 통해 또 다른 영혼들, 특별히 우리가 속한 가정이 구원받아 동일한 행복을 누리기를 원하십니다.

"주 예수를 믿으라 그리하면 너와 네 집이 구원을 받으리라"(행 16:31).

우리는 신앙생활을 이야기할 때 교회 생활을 많이 언급하지만, 하나님은 가정에 너무나 큰 관심을 가지고 계십니다. 왜냐하면 하나님께서 가정을 만드신 분이기 때문에 그렇습니다. 세상에 많은 조직이 있지만 하나님이 가장 먼저 만드신 것은 가정이었고, 세상에 많은 관계가 있지만 하나님은 당신과의 관계 이후에 가장 처음으로 가정의 관계를 만들어 주셨습니다. 성경에 보면 하나님이 아담과 하와를 지으셨는데, 이것이 가정의 관계입니다. 그리고 그들을 에덴이라는 동산에 두셨습니다. 에덴이라는 단어 자체가 '행복, 기쁨, 즐거움'이라는 뜻입니다. 하나님은 행복한 가정을 이루어 가기를 원하신다는 것입니다.

그렇다면 행복한 가정은 어떻게 이루어 갈 수 있습니까? 무엇보다 하나님의 말씀의 기준이 너무나도 중요합니다. 우리 마음대로 살아가는 것이 아니라, 하나님이 가정을 지키고 보호하고 인도하시도록 모든 것을 맡겨 드리는 것이 필요합니다. 시편 127편 1절을 보십시오.

"여호와께서 집을 세우지 아니하시면 세우는 자의 수고
가 헛되며 여호와께서 성을 지키지 아니하시면 파수꾼의
깨어 있음이 헛되도다."

집을 지키기 위해서 성을 쌓았던 것이 아닙니까? 하지
만 하나님께서 세우고 지켜 주셔야 한다는 것입니다. 내
뜻대로 이끌어 간다고 세워지고 지켜지는 것이 아니라는
말입니다. 파수꾼의 깨어 있음이 헛되게 될 뿐입니다. 그
래서 하나님의 말씀의 기준이 필요합니다. 그래서 하나
님의 말씀을 받아야 하는 것입니다.

본문은 가정 안에 등장하는 두 가지 관계를 보여 줍니
다. 하나는 자녀와의 관계이고, 다른 하나는 부모와의 관
계입니다.

말씀으로 자녀를 양육하라

본문 4절을 보십시오.

"또 아비들아 너희 자녀를 노엽게 하지 말고 오직 주의 교

훈과 훈계로 양육하라."

하나님은 부모들을 향해 '너희 자녀들을 노엽게 하지
말라'고 명령하셨습니다. 부모 된 우리가 지켜야 할 것은
자녀들을 노엽게 하지 않는 것입니다. 여기서 노엽게 하
지 말라는 것은 자녀를 혼내지 말라는 것이 아닙니다. 자
녀가 원하는 대로 다 해 주거나 싫은 소리를 하지 말라는
것이 아닙니다. 자녀의 심령 가운데 분노를 심지 말라는
것입니다. 자녀도 하나님의 형상을 닮은 인격체인 것을
인정해 부모의 편협함 혹은 부당함을 가지고 마음대로
이끌지 말라는 것입니다.

자녀도 사랑받는 하나님의 자녀입니다. 부모의 뜻대로
키우다가 마음 가운데 분노가 자리 잡으면, 부모와의 갈
등으로 인해 상처가 자리 잡고 이것이 깊어져 쓴 뿌리가
되면 세상을 분노하는 눈으로 바라보게 됩니다. 세상을
분노가 쌓인 눈으로 바라볼 때 어떻게 그들이 행복한 인
생을 살아갈 수 있겠습니까! 마음에 분노와 화가 심긴 인
생이 어떻게 세상을 축복하면서 살아갈 수 있겠습니까!

그래서 우리는 주의 교훈과 훈계로 양육해야 하는 것입
니다. 주의 교훈과 훈계, 곧 주님의 말씀 가운데 가장 중

심된 메시지가 무엇입니까? 사랑입니다. 우리는 자녀를 사랑으로 양육해야 하는 것입니다. 사랑으로 품고, 사랑으로 돕고, 사랑으로 기도하고, 사랑으로 인도하고, 사랑으로 꿈을 꾸게 하며 한없는 사랑을 베풀어 주는 것입니다. 하나님이 베풀어 주신 사랑이 있기에, 자녀는 내 소유가 아니라 하나님께서 맡기신 생명이기에 주의 말씀과 뜻대로, 사랑으로 키워 가는 것입니다.

하나님의 말씀은 능력이 있습니다. 부모인 당신은 자녀에게 이 말씀을 먹이고 있습니까? 자녀가 스스로 하나님의 말씀을 먹으면서 자라고 있습니까? 자녀의 입술 가운데 찬양이 있습니까? 감사가 있습니까? 사랑의 고백이 있습니까? 자녀에게 하나님을 경외하는 예배의 모습이 있습니까? 디모데후서 3장 16절을 보십시오.

"모든 성경은 하나님의 감동으로 된 것으로 교훈과 책망과 바르게 함과 의로 교육하기에 유익하니."

하나님은 살아서 역사하시기 때문에 자녀들의 심령 속에 하나님의 말씀이 뿌리내리게 되면 그 말씀이 그들의 인생을 교훈하고, 책망하고, 바르게 하고, 의로 교육하기에 유익하다고 말씀합니다. 믿음의 자녀는 말씀을 먹어야 합니다. 세상의 그 무엇보다 하나님의 말씀 가운데 자라야 합니다. 믿음 가운데 자라야 합니다. 앞의 말씀의 앞 구절인 15절은 이렇게 기록되어 있습니다.

"또 어려서부터 성경을 알았나니 성경은 능히 너로 하여금 그리스도 예수 안에 있는 믿음으로 말미암아 구원에 이르는 지혜가 있게 하느니라."

디모데는 어려서부터 성경을 알았습니다. 우리 자녀들도 어려서부터 하나님의 말씀을 알아야 합니다. 예수님을 만나야 합니다. 구원을 받아야 합니다. 하나님의 은혜를 누려야 합니다. 어려서부터 구원받고 하나님 나라의 꿈을 꾸면서 자라 가야 하는 것입니다. 어려서부터 술을 만나고, 도박을 만나고, 폭력을 만나고, 상처를 받으면 세상에서 방황하다 돌아오기가 너무나 어렵습니다. 그렇기에 더욱더 어려서부터 믿음 가운데 자라야 하는 것입니다. 그리고 그 책임이 부모에게 있다는 것입니다. 부모인 우리는 말씀과 교훈으로 훈계하면서 사랑으로 키워야 합니다.

디모데후서 1장에 보면, 디모데에게는 믿음의 외조모인 로이스와 믿음의 어머니인 유니게가 있었습니다. 신앙은 계승되어야 합니다. 믿음은 흘러가야 합니다. 우리에게 있는 믿음이 삶의 디딤돌이 되어서 더 큰 하나님 나라의 꿈을 꾸고 그 나라의 영광을 위해 쓰임 받도록 우리의 자녀들을 키워 내야 합니다.

오늘날은 다음 세대의 위기입니다. 자녀들의 위기입니다. 너무나도 많은 아이들이 가정에서 아픔을 당하면서 방황하고 있습니다. 통계를 보십시오. 어린이와 청소년 다섯 명 중에 한 명 이상이 자살 충동을 느낀다고 합니다. 아이들의 행복 지수는 OECD 국가 중 하위권에 머물고 있습니다. 가장 많은 갈등을 느끼는 곳은 가정이고, 가장 많은 갈등을 겪는 관계는 부모라고 합니다.

자녀는 미래입니다. 한국 교회의 미래이고, 이 나라와 민족의 미래이고, 하나님 나라의 미래입니다. 자녀를 부모인 우리의 뜻대로 키우는 것이 아니라, 하나님의 지혜를 구하면서, 하나님 앞에 기도하면서 말씀대로 아름답게 양육해 모든 자녀가 하나님 안에서 구원받을 뿐 아니라 행복을 누리며 하나님의 영광을 위해 쓰임 받을 수 있도록 말씀과 기도로 양육하는 부모가 되어야 할 것입니다.

말씀 안에서 부모를 공경하라

부모와의 관계도 마찬가지입니다. 주님의 사랑으로 부모를 공경해야 합니다. 주님의 말씀 안에서 부모를 공경하는 것입니다. 본문 1절을 보십시오.

"자녀들아 주 안에서 너희 부모에게 순종하라 이것이 옳으니라."

위의 말씀에서 옳은 길은 어떤 길입니까? 하나님이 원하고 기뻐하시는 삶은 어떠한 삶입니까? 바로 주 안에서 부모에게 순종하는 것입니다. 부모에게 순종하는 인생을 하나님께서 귀하게 여기고 기뻐하신다고 말씀합니다. 계속해서 이어지는 말씀을 보십시오.

"네 아버지와 어머니를 공경하라 이것은 약속이 있는 첫 계명이니 이로써 네가 잘되고 땅에서 장수하리라"(엡 6:2-3).

하나님이 이것을 얼마나 기뻐하시는지, 공경하고 순종하는 자녀가 복을 받는다고 말씀합니다. 부모에게 순종하고 그들을 주님 안에서 공경할 때 자녀인 우리가 땅에서 잘되고 장수하는 복을 누리게 된다는 것입니다. 거꾸로 생각하면, 부모에게 효도하지 않거나 거역하거나 반항하거나 분노하는 자녀는 세상에서 잘될 수 없다는 것입니다. 이것은 하나님의 질서에 어긋나기 때문입니다. 부모 공경은 주님 안에서 행해지는 것이기 때문입니다.

"자녀 없는 부모는 있을 수 있지만 부모 없는 자녀는 없다"는 말이 있습니다. 하나님은 우리의 부모를 통해서 우리에게 생명을 주신 것입니다. 우리를 사랑으로 낳고 기르고 돕도록 하나님께서 허락하신 부모이기에 그들을 주안에서 공경하는 것입니다.

그렇다면 주님 안에서 어떻게 순종할 수 있습니까? 만일 부모님이 아직 구원받지 못했다면, 하나님을 만나지 못했다면 구원의 기쁜 소식을 전해야 합니다. 기도하는 것입니다. 구원을 위해서 힘쓰는 것입니다. 사랑으로 섬기고 봉양하는 것도 중요하지만, "사람이 만일 온 천하를 얻고도 자기 목숨을 잃으면 무엇이 유익하리요"(막 8:36)라는 주님의 말씀처럼, 세상에서 아무리 건강하게, 좋은 환경 가운데서 인생의 날들을 잘 보낸다 할지라도 하나님을 만나거나 구원받지 못했다면, 영원한 생명을 얻지 못했다면 행복한 인생이라고 말할 수 없는 것입니다. 기억하십시오. 믿지 않는 부모에게 할 수 있는 최대의 효도는 예수 그리스도의 복음을 전하는 것입니다.

디모데전서 5장에 보면 가정을 돌보지 않은 사람은 믿음을 배반한 자라고 이야기합니다. 불신자보다 더 악하다고 이야기합니다. 이처럼 신앙은 효도를 가르칩니다. 부모님이 살아 계실 때 최선을 다해서 사랑하고, 봉양하고, 순종하고, 후회되지 않게 주 뜻 안에서 공경할 때 하나님의 복이 임하는 것입니다. 부모를 공경함으로 하나님의 귀한 복이 함께하는 은혜를 누리십시오.

교회와 같은 가정을 이루라

하나님은 우리의 가정이 행복을 누리기를 원하십니다. 사랑과 행복이 넘치는 공동체가 되기를 원하십니다. 어떻게 보면 가정은 교회와 같은 곳이라는 생각이 듭니다. 그렇습니다. 정말 행복한 가정은 교회 같은 가정입니다. 가정 안에 예배가 있고, 찬양이 있고, 믿음의 고백이 있고, 사랑의 나눔이 있는 교회 같은 가정이 정말 행복한 가정입니다.

사실 초대 교회 대부분은 가정 교회였습니다. 가정이 교회였다는 것입니다. 그도 그럴 것이, 교회는 모두 가정 으로부터 출발했습니다. 마가 요한의 집이 예루살렘교 회의 기초가 되었고, 옷감을 사고팔았던 루디아라는 여 인의 가정이 바로 빌립보교회였습니다. 브리스길라와 아 굴라의 가정은 에베소교회였고, 가이오라는 사람의 집은 고린도교회였습니다. 그리고 빌레몬이라는 사람의 집은 골로새교회였습니다. 우리의 가정 또한 하나님이 기뻐하 시는 교회와 같이 예배와 찬양과 하나님을 경외함 그리 고 말씀의 양육이 있기를 바랍니다. 그렇게 주 안에서 행 복한 가정을 이룰 수 있기를 바랍니다.

하지만 간혹 자신은 불행한 가정에서 태어나고 자랐기 에 가정이 특별히 더 잘되기를 바라지 않는다고 말할 수 밖에 없는 상황에 처한 사람도 있을 수 있습니다. 그렇 다 할지라도 포기하지 마십시오. 하나님께서 붙잡아 주 시면, 하나님께서 함께하시면 새로워질 수 있습니다. 하 나님이 역사하십니다. 하나님이 함께하십니다. 하나님은 절대로 그 가정을 포기하지 않으십니다.

기억하십시오. 하나님은 가정을 향한 꿈을 가지고 계십 니다. 그래서 우리는 가정을 놓고 하나님 앞에 구하는 것입니다. 그럴 때 광야에 길을 내고 사막에 강을 내는 전능하신 하나님이 가정 가운데 새 일을 베풀어 주십니다. 가정에 믿음이 없을 수 있습니다. 소망이 없을 수 있습니다. 그러나 사랑은 시작할 수 있습니다. 고린도전서 13장 13절의 말씀을 기억하십시오.

"그런즉 믿음, 소망, 사랑, 이 세 가지는 항상 있을 것인데 그중의 제일은 사랑이라."

우리가 사랑하기 시작하면 사랑 가운데 믿음이 생깁니다. 사랑 가운데 소망이 생깁니다. 아무 믿음도 없고 소망도 없던 우리 인생 가운데 하나님이 사랑을 베풀어 주지 않으셨습니까? 주님의 십자가의 사랑으로 우리를 믿음과 소망 가운데 세워 주신 것이 아닙니까? 믿음 없고 소망 없는 가정이라 할지라도 사랑의 삶을 사십시오. 우리는 누군가의 부모일 수 있습니다. 누군가의 조부모일 수 있습니다. 누군가의 형제이며 자매일 수 있습니다. 당신을 세우신 그 자리에서 사랑을 베푸십시오. 주님의 말씀 안에 거하십시오. 하나님의 은혜를 구하십시오. 당신의 삶을 통해 당신의 가정이 말씀 안에서 건강하게 세워질 것을 기대하십시오.

성숙한 제자로 나아가는 법

1. 제자는 자녀를 말씀으로 양육한다

하나님은 살아서 역사하시기 때문에 자녀들의 심령 속에 하나님의 말씀이 뿌리내리게 되면 그 말씀이 그들의 인생을 교훈하고, 책망하고, 바르게 한다. 무엇보다 말씀은 의로 교육하기에 유익하다.

2. 제자는 말씀 안에서 부모를 공경한다

하나님은 우리의 부모를 통해서 우리에게 생명을 주신 것이다. 우리를 사랑으로 낳고 기르고 돕도록 하나님께서 허락하신 부모이기에 그들을 주 안에서 공경하는 것이다.

3. 제자는 교회와 같은 가정을 이룬다

하나님은 가정을 향한 꿈을 가지고 계신다. 그래서 우리는 가정을 놓고 하나님 앞에 구하는 것이다. 그럴 때 광야에 길을 내고 사막에 강을 내는 전능하신 하나님이 가정 가운데 새 일을 베풀어 주신다.

"기도를 계속하고 기도에 감사함으로 깨어 있으라 또한 우리를 위하여 기도하되 하나님이 전도할 문을 우리에게 열어 주사 그리스도의 비밀을 말하게 하시기를 구하라 내가 이 일 때문에 매임을 당하였노라 그리하면 내가 마땅히 할 말로써 이 비밀을 나타내리라 외인에게 대해서는 지혜로 행하여 세월을 아끼라 너희 말을 항상 은혜 가운데서 소금으로 맛을 냄과 같이 하라 그리하면 각 사람에게 마땅히 대답할 것을 알리라"(골 4:2-6).

10. 제자의 언어

입술로 믿음을 선포하라

언어는 은혜의 통로입니다. 우리의 언어 속에는 하나님의 능력, 하나님의 구원, 하나님의 권세, 하나님의 능력이 담겨 있습니다. 우리의 신앙생활이 어떻게 시작되었습니까? 물론 마음으로 예수님을 믿으면서 시작되었습니다. 하지만 성경은 특별히 우리의 말로, 우리의 입술로 고백하고 시인하면서 구원을 받았다고 말씀합니다.

성령이 우리 가운데 임재하실 때도 마찬가지입니다. 성령이 강림하셨을 때 제자들의 삶에 가장 먼저 나타난 역사가 무엇입니까? 제자들의 혀를 하나님께서 통제하셨습니다. 이는 그들의 언어가 비전의 언어, 복음의 언어, 하나님 나라의 언어로 변화되고 새롭게 되었다는 것입니다. 이처럼 우리 언어에는 하나님의 권위와 능력이 담겨 있습니다.

하나님은 말씀으로 세상을 창조하셨습니다. 이는 하나님이 언어를 통해서 세상을 창조하셨다는 것입니다. 하나님은 말씀을 통해서 기적을 베푸시고, 말씀을 통해서 병든 자를 일으키시고, 말씀을 통해서 귀신들을 내어 쫓으셨습니다. 하나님은 이렇게 말씀을 통해 당신의 일들을 이루어 가시는 것입니다.

하나님은 우리를 당신의 형상대로 지으셨습니다. 이것은 우리가 하나님의 외형을 닮았다는 것이 아니라, 우리 삶에 하나님의 성품과 속성이, 그분의 능력이 담겨 있다는 의미입니다. 하나님의 말씀이 능력인 것과 마찬가지로 우리의 언어에도 하나님의 능력이 담겨 있다는 것입니다.

앞에서 우리의 신앙이 우리의 언어로부터 시작되었다고 했습니다. 우리는 이 언어를 영원토록 사용하게 될 것입니다. 이사야 43장 21절을 보십시오.

"이 백성은 내가 나를 위하여 지었나니 나를 찬송하게 하려 함이니라."

우리는 마음을 다하고 정성을 다하고 힘을 다해서 하나님을 찬양합니다. 특별히 우리의 말을 통해서, 언어를 통해서 하나님을 찬양합니다. 이 찬양은 영원토록 계속되는 것입니다. 요한계시록에 보면 각 나라와 족속과 방언에서 모든 민족의 언어를 통해 하나님이 영광을 받으십니다. 모든 언어로 하나님을 찬양하고 예배하는 것입니다.

세상에도 "말이 씨가 된다"는 말이 있지 않습니까? 맞는 말입니다. 말이 진짜 씨가 됩니다. 성경에도 기록되어 있습니다. 잠언 18장 21절을 보십시오.

"죽고 사는 것이 혀의 힘에 달렸나니 혀를 쓰기 좋아하는
자는 혀의 열매를 먹으리라."

혀의 열매를 먹는다는 것은 혀, 곧 말로 씨를 뿌린다는 것입니다. 그리고 그 씨가 자란 열매를 우리가 먹게 된다는 것입니다. 죽고 사는 것이 혀의 힘에 달렸듯이 우리의 혀로 말미암아 놀라운 일들을 이루어 가게 됩니다. 우리가 혀를 잘 사용할 때 하나님께서 원하시는 삶을 살아갈 수 있다는 것입니다. 우리는 좋은 것을 심어야 합니다. 비

전의 언어를 심고, 축복의 언어를 심고, 하나님의 마음에 맞는 것들을 심어야 합니다. 이 말씀 안에 놀라운 능력이 있습니다.

우리는 흉기를 가지고 있을 때 옆에 있는 사람 몸에 해를 가할 수 있습니다. 그런데 언어는 가까이 있느냐, 멀리 있느냐와 상관이 없습니다. 언어가 가는 곳마다, 언어가 들리는 곳마다 한 영혼을 상하게 할 수도 있고, 한 영혼의 생명을 살릴 수도 있는 것입니다. 이러한 언어의 능력을 안다면 이것을 어떻게 사용해야 할지도 알아야 합니다. 죽고 사는 힘이 달려 있는 혀를 그리스도의 제자된 우리는 어떻게 사용해야 할까요? 하나님이 기뻐하고 원하시는 언어 사용에 대해 세 가지로 살펴보고자 합니다.

기도하는 데 사용하라

첫째, 우리는 언어를 기도하는 데 사용해야 합니다. 우리는 언어를 이야기할 때 사람 사이에서 말하는 것을 먼저 생각할 수 있습니다. 그러나 그렇지 않습니다. 언어는 하나님이 주신 것이므로 하나님과 교제하는 데 사용되어야 합니다. 우리의 언어가 특별히 기도로 사용될 때 그것은 공중에서 흩어지는 것이 아닙니다. 땅에 떨어져서 없어지는 것도 아닙니다. 우리의 언어가 하늘의 능력, 하나님의 능력과 맞닿게 되는 것입니다. 우리가 기도할 때 하나님이 응답하시지 않습니까? 우리가 기도할 때 사용한 언어는 강력한 하나님의 응답의 도구가 되는 것입니다. 그래서 계속해서 기도하라고 말씀하는 것입니다. 본문 2절을 보십시오.

"기도를 계속하고 기도에 감사함으로 깨어 있으라."

개역한글 성경은 이 구절을 이렇게 번역하고 있습니다.

"기도를 항상 힘쓰고 기도에 감사함으로 깨어 있으라."

그리고 원문에는 '기도에 헌신하라'라고 기록되어 있습니다. 언어를 기도의 재료로 사용하라는 것입니다. 언어를 세상의 언어로 사용하기 이전에 기도에 헌신하라는 것입니다. 우리가 하고 싶을 때만 기도하는 것이 아니라 계속하라고, 항상 힘쓰라고, 헌신하라고 이야기하고 있습니다. 언어에는 너무나도 대단한 능력이 있기 때문에 기도하라고 이야기하는 것입니다.

특별히 감사함으로 깨어 있으라고 말합니다. 기도하는 것과 깨어 있는 것을 함께 이야기하면서 나누고 있습니다. 그런데 이것은 바울이 아니라 예수님이 처음으로 말씀하셨습니다. 마태복음 26장 41절을 보십시오.

"시험에 들지 않게 깨어 기도하라."

우리 영혼을 잠들게 하는 너무나도 많은 유혹과 시험이 있는데 어떻게 깨어날 수 있습니까? 기도하라는 것입니다. 우리의 언어를 기도로 사용할 때 우리 영혼이 깨어나게 되는 것입니다.

믿음이 없으면 감사하기가 어렵지 않습니까? 그래서 믿음을 가지고 감사함으로 기도하라는 것입니다. 감사의 고백을 하라는 것입니다. 불평과 원망이 아니라 감사의 언어를 사용하라고 말하는 것입니다. 우리는 많은 기도 제목을 가지고 하나님 앞에 나아갑니다. 그럴 때 어떻게 감사할 수 있습니까? 하나님께서 구하는 모든 것에 응답하실 것을 믿을 때 감사할 수 있습니다. 당신의 입술이 감사하는 기도의 입술이 되기를 바랍니다.

기도의 절정은 중보 기도입니다. 중보 기도는 자신을 위해서 기도하는 것이 아니라, 다른 영혼들을 위해서 기도하는 것입니다. 생각해 보십시오. 나에게 할 말이 많은데 나의 언어를 가지고 하나님 앞에 기도할 때 나만을 위해서가 아니라 다른 영혼들을 돕기 위해 기도의 언어를 사용한다면 그 언어가 얼마나 고상하고 아름답고 귀하겠습니까?

본문 3-4절을 보면 바울이 골로새교회에 중보 기도를 부탁하고 있습니다. 그런데 이 골로새교회 성도들은 바울에 비하면 신앙이 매우 어린 사람들입니다. 오히려 골로새교회 성도들이 바울에게 기도를 부탁해야 할 것 같은데 바울이 성도들에게 기도를 부탁하고 있습니다. 왜 부탁할까요? 우리의 언어가 기도로 사용될 때, 특별히 중보 기도로 사용될 때 그 능력이 크다는 것을 알기 때문입니다.

우리는 누구를 위해서 기도해야 합니까? 무엇을 위해서 기도해야 합니까? 많은 기도의 제목이 있지만 무엇보다 환난당한 자, 고난당한 자들을 위해서 기도할 필요가 있습니다. 지금 바울은 본문이 기록된 골로새서를 감옥 안에서 쓰고 있습니다. 감옥에 갇힌 채 고난과 연단과 어려움 가운데 있을 때 감옥 밖에 있는 골로새교회 성도들에게 기도를 부탁하고 있습니다.

성경은 고난당하는 자를 위해 기도하라고 말씀합니다. 병든 자를 위해서 기도의 언어를 사용하라고 말씀합니다. 그 말에 능력이 있기 때문에 병든 자를 위해서 기도할 때 병든 자가 일어나게 되고, 고난당하는 자를 위해서 기도할 때 고난당하는 자가 새 힘을 얻고 새롭게 일어나는 역사가 나타나는 것입니다.

또 무엇을 위해 기도해야 합니까? 우리의 영적 리더십, 나라와 민족, 위정자들, 북한에 있는 영혼들, 남과 북의 평화 통일, 복음의 전진, 하나님 나라의 확장과 세계 선교와 선교지를 위해서 기도해야 합니다. 얼마나 기도할 것이 많습니까? 또 불신자들을 위해서 기도해야 합니다. 불신자들은 스스로 구원받을 수 없습니다. 하나님의 은혜가 필요합니다. 우리의 도움이 필요합니다. 우리의 기도가 필요합니다.

당신의 언어를 하나님이 기뻐하시는 기도의 언어, 찬양의 언어로 사용하십시오. 기도와 찬양으로 하나님 앞에 영광을 올려 드리는 아름다운 입술이 되기를 바랍니다.

복음을 전하는 데 사용하라

둘째, 우리는 언어를 복음을 전하는 데 사용해야 합니다. 바울에게는 간절한 기도의 제목이 있었습니다. 그것이 무엇입니까? 자신의 삶을 통해 예수 그리스도의 복음을 전하며 살아가는 소원이 있었습니다. 본문에 보면 바울이 중보 기도를 요청하는데, 특별히 무엇을 위해서 기도를 요청합니까? 빨리 감옥에서 벗어나게 해 달라는 기도가 아닙니다. 본문 3절을 보십시오.

"또한 우리를 위하여 기도하되 하나님이 전도할 문을 우리에게 열어 주사 그리스도의 비밀을 말하게 하시기를 구하라 내가 이 일 때문에 매임을 당하였노라."

하나님께서 바울 자신과 그 일행들로 하여금 그리스도의 비밀을 말할 수 있게 하시기를 기도해 달라고 부탁하고 있습니다. 그러면 자신은 마땅히 전할 말, 곧 그리스도의 비밀을 나타낼 것이라고 이야기하고 있습니다. 거기에 매임을 당했다는 것입니다.

그리스도의 비밀이 무엇입니까? 그것이 바로 복음입니

다. 여기서 비밀은 감추어져 있다는 것입니다. 누구에게 감추어져 있습니까? 주님을 믿지 않는 영혼들에게 감추어져 있습니다. 세상 사람들에게 감추어져 있습니다. 본문 5절을 보십시오.

"외인에게 대해서는 지혜로 행하여 세월을 아끼라."

여기서 외인은 그리스도의 비밀을 알지 못하는 세상 사람들을 가리킵니다. 그리고 지혜로 행하라는 것은 기회를 선용하라는 것입니다. 그러면 세상 사람들에게 기회를 선용해서 어떤 일을 합니까? 문맥을 보면 그리스도의 비밀을 전하라는 것입니다. 우리의 언어로 예수 그리스도의 비밀인 복음을 전하라는 것입니다. 당신의 입술로 예수님 안에 생명이 있다고, 예수님 안에 구원이 있다고, 예수님 안에 평강이 있고, 기적이 있고, 능력이 있고, 참소망이 있고, 예수님이 우리 삶의 모든 것이 되신다고 전하는 그리스도의 제자가 되십시오.

은혜의 통로로 사용하라

셋째, 우리는 언어를 은혜의 통로가 되도록 사용해야 합니다. 본문 마지막 절인 6절을 보십시오.

"너희 말을 항상 은혜 가운데서 소금으로 맛을 냄과 같이 하라 그리하면 각 사람에게 마땅히 대답할 것을 알리라."

때에 따라서가 아니라 '항상'입니다. 항상 은혜 가운데서 소금으로 맛을 냄과 같이 하라고 이야기합니다. 여기서 소금으로 맛을 냄과 같이 말을 하라는 것은 어떤 의미입니까? 경우에 합당한 말을 하라는 것입니다. 잠언 25장 11절은 "경우에 합당한 말은 아로새긴 은 쟁반에 금 사과니라"라고 말씀합니다. 참으로 적절한 표현입니다. 지혜로운 말, 은혜로운 말, 바른 말, 그 귀한 말을 하라는 것입니다.

소금은 주로 음식의 간을 맞출 때 사용합니다. 음식에 소금을 적게 넣으면 음식이 싱거워지고, 소금을 많이 넣으면 음식이 짜게 됩니다. 또 음식마다 소금이 들어가는 양이 다릅니다. 내가 소금을 많이 가지고 있다고 해서 모든 음식에 많은 양을 넣게 되면 음식을 먹을 수 없게 됩니다. 말도 마찬가지입니다. 우리가 할 말이 많다고, 할 수 있는 말이 많다고 해서 속에 있는 모든 말을 쏟아 놓기 시작하면 음식을 망치듯이 관계를 망치고, 우리의 인생을 망치게 됩니다.

우리는 우리의 입술의 고백을 지혜롭게 할 필요가 있습니다. 말이 나올 때 우리의 마음을 점검하고 그것을 잘 지킬 필요가 있습니다. 시편 141편 3절의 다윗의 고백을 보십시오.

"여호와여 내 입에 파수꾼을 세우시고 내 입술의 문을 지키소서."

자신의 입에 파수꾼을 세워 달라고 기도하고 있습니다. 구조적으로 보아도 우리 혀 앞에는 두 개의 방어막이 있습니다. 무엇입니까? 하나는 이고, 하나는 입술입니다. 마찬가지로 우리가 언어를 사용할 때 하나님께서 주신 파수꾼이 있어야 합니다. 지혜의 파수꾼, 진리의 파수꾼, 하나님의 말씀의 파수꾼과 같이 경우에 맞는 파수꾼이 있어야 한다는 것입니다.

당신에게는 언어의 파수꾼이 있습니까? 입술의 문을 지키는 자가 있습니까? 잠언 21장 23절을 보십시오.

"입과 혀를 지키는 자는 자기의 영혼을 환난에서 보전하느니라."

뒤집어서 생각하면, 입과 혀를 지키지 않는 자는 환난에 그대로 방치되어 있다는 것입니다. 보호해 줄 것이 아무것도 없다는 것입니다. 환난에 거하게 된다는 것입니다. 유대인의 격언에 이런 말이 있습니다. "나의 말이 내 입 안에 있을 때는 내가 나의 말을 지배하지만, 나의 말이 내 입 밖을 벗어난 이후에는 그 말이 나의 삶을 지배한다." 말로 씨앗을 뿌리는 그것이 열매로 거두어지는 것입니다. 그렇기에 우리는 이 언어의 씨앗을 잘 심어야 합니다.

또 다른 대표적인 말씀이 에베소서 4장에 기록되어 있습니다. 에베소서 4장 29절을 보십시오.

"무릇 더러운 말은 너희 입 밖에도 내지 말고 오직 덕을 세우는 데 소용되는 대로 선한 말을 하여 듣는 자들에게 은혜를 끼치게 하라."

여기서 더러운 말은 못된 말, 나쁜 말을 가리킵니다. 우리의 언어는 은혜를 끼치는 언어가 되어야 합니다. 덕을 세우는 언어가 되어야 합니다. 선한 언어가 되어야 합니다. 우리가 예배 가운데 은혜를 받는 것처럼, 사람들이 우리의 말을 들었을 때 그 말을 통해서 은혜를 받을 수 있어야 합니다. 이는 가정 안에서도, 성도와의 관계에서도 그렇습니다. 우리의 언어를 은혜의 통로로 사용해 사람들이 하나님의 은혜를 느낄 수 있도록 해야 합니다.

그런데 그다음 구절이 더 중요합니다. 에베소서 4장 30절을 보십시오.

"하나님의 성령을 근심하게 하지 말라 그 안에서 너희가
구원의 날까지 인치심을 받았느니라."

하나님의 성령을 근심하게 하는 것과 우리의 언어생활을 연결해서 이야기합니다. 우리는 하나님의 성령으로 말미암아 예수님을 구주라고 고백합니다. 우리 안에는 하나님의 성령이 계시기 때문입니다. 하나님께서 성령님을 통해 우리가 하나님의 자녀인 것을 인쳐 주신 것입니다. 그런데 성령의 전인 너희가, 성령의 사람인 너희가 어

떻게 더러운 말을 하느냐는 것입니다. 너희 안에 성령님
이 계시니 성령님을 근심하게 하지 말고 덕을 세우는 말,
은혜를 끼치는 말을 하라는 것입니다.

성령의 말은 곧 은혜의 말입니다. 성령의 언어가 따로
있습니다. 성령의 언어는 생명의 언어입니다. 살리는 언
어입니다. 성령님의 별명이 무엇입니까? '보혜사', 즉 '파
라클레토스'($παράκλητος$)입니다. 이는 '돕는 자'라는 뜻입니
다. '세우는 자, 상담자, 위로자'라는 뜻입니다. 성령의 언
어는 돕는 언어입니다. 성령의 언어는 위로하는 언어입
니다. 성령의 언어는 살리는 언어, 따뜻한 언어, 감동의
언어입니다.

반대로 사탄의 별명은 무엇입니까? 바로 '참소하는 자'
입니다. '비난하는 자'입니다. 사탄의 언어에는 특징이 있
습니다. 사탄의 언어는 비난하는 언어입니다. 비난하고,
정죄하고, 소외되게 만들고, 격리되게 만들고, 믿음에서
떠나게 만들고, 마음을 경직되게 만들고, 차갑게 만들고,
다른 사람의 약점과 허물과 연약함을 들추어내는 언어입
니다. 상처를 주는 언어입니다.

잠언 15장 4절은 "온순한 혀는 곧 생명나무이지만 패역
한 혀는 마음을 상하게 하느니라"라고 말씀합니다. 우리

는 사탄의 언어가 아니라 성령의 언어, 은혜의 언어를 사용할 수 있어야 합니다. 우리의 혀끝에 축복과 저주가 달려 있습니다. 우리의 혀끝에 행복과 불행이 달려 있습니다. 하나님께서 기뻐하시는 언어를 사용함으로써 은혜와 복을 누리는 그리스도인이 되기를 바랍니다.

성숙한 제자로 나아가는 법

1. 제자는 언어를 기도하는 데 사용한다

우리 영혼을 잠들게 하는 너무나도 많은 유혹과 시험에서 깨어날 수 있는 방법은 기도하는 것이다. 우리의 언어를 기도로 사용할 때 우리 영혼이 깨어나게 된다.

2. 제자는 언어를 복음을 전하는 데 사용한다

바울에게는 간절한 기도의 제목이 있었다. 그것은, 자신의 삶을 통해 예수 그리스도의 복음을 전하며 살아가는 것이었다.

3. 제자는 언어를 은혜의 통로로 사용한다

우리가 예배 가운데 은혜를 받는 것처럼, 사람들이 우리의 말을 들었을 때 그 말을 통해서 은혜를 받을 수 있어야 한다. 이는 가정 안에서도, 성도와의 관계에서도 마찬가지다. 우리의 언어를 은혜의 통로로 사용해 사람들이 하나님의 은혜를 느낄 수 있도록 해야 한다.

"그들이 조반 먹은 후에 예수께서 시몬 베드로에게 이르시되 요한의 아들 시몬아 네가 이 사람들보다 나를 더 사랑하느냐 하시니 이르되 주님 그러하나이다 내가 주님을 사랑하는 줄 주님께서 아시나이다 이르시되 내 어린 양을 먹이라 하시고 또 두 번째 이르시되 요한의 아들 시몬아 네가 나를 사랑하느냐 하시니 이르되 주님 그러하나이다 내가 주님을 사랑하는 줄 주님께서 아시나이다 이르시되 내 양을 치라 하시고 세 번째 이르시되 요한의 아들 시몬아 네가 나를 사랑하느냐 하시니 주께서 세 번째 네가 나를 사랑하느냐 하시므로 베드로가 근심하여 이르되 주님 모든 것을 아시오매 내가 주님을 사랑하는 줄을 주님께서 아시나이다 예수께서 이르시되 내 양을 먹이라"(요 21:15-17).

고백하고, 행하고, 증명하라

본문은 요한복음에 기록된 예수님의 지상 명령입니다. 다른 복음서와 표현은 좀 다르지만, 영혼을 먹이고 주께로 인도해서 제자 삼는 내용은 예수님의 지상 명령과 다 연결되어 있습니다. 그런데 예수님은 이것을 일방적으로 말씀하시지 않고 질문의 형식을 통해서 베드로와 대화하면서 말씀하십니다. 얼마나 놀라운 은혜입니까? 주님은 우리에게 말씀하실 뿐만 아니라 우리의 음성을 들으시는 분입니다. 무엇보다 놀라운 것은, 당시에만 말씀하신 것이 아니라 지금도 말씀하시고, 당시에만 들으신 것이 아니라 지금도 들으신다는 것입니다. 주님이 살아 계시기 때문입니다.

인간이 만든 우상은 일방적일 수밖에 없습니다. 만들어

진 우상이 어떻게 말하고 어떻게 듣겠습니까? 그러나 약 2천 년 전 베드로에게 말씀하신 주님은 지금도 말씀하고 계십니다. 이것이 우리의 예배가 능력이 되는 이유입니다. 그리고 우리의 기도가 응답되는 이유입니다. 살아 계신 주님이 우리가 드리는 예배와 기도 가운데 역사하시기 때문에 능력이 되는 것입니다.

그렇다면 당신은 주님과 어떠한 교제를 나누고 있습니까? 주님의 어떠한 음성을 듣고 있습니까? 성경에 보면 하나님께서 주신 음성 가운데 사모되는 음성들이 있습니다. 그중 대표적인 음성은 열왕기상 3장 5절에 기록된 솔로몬이 들었던 음성일 것입니다.

"하나님이 이르시되 내가 네게 무엇을 줄꼬 너는 구하라."

많은 사람이 하나님 앞에 무엇을 원한다고 고백한다 하더라도 응답받지 못한다고 이야기하는데, 솔로몬의 경우에는 하나님께서 먼저 무엇을 원하는지를 물으셨습니다. 이것이 감동이 되는 부분입니다. 이때 솔로몬은 듣는 마음을 구하며 선과 악을 분별할 수 있는 지혜를 달라고 고백합니다. 이것이 하나님의 마음에 맞아서 지혜는 물론이요, 그가 구하지 않은 부귀와 영광과 장수의 복까지 받게 됩니다.

그런데 하나님께서 솔로몬에게 언제 이렇게 질문하셨습니까? 솔로몬이 성전 건축을 준비하면서 일천 번제를 드렸을 때입니다. 하나님은 당신을 예배하는 자, 감동시키는 자, 당신에게 기쁨이 되는 자를 기뻐하십니다. 그런 사람을 채워 주고 싶어 하시고, 그런 사람에게 복 주기를 원하십니다. 그래서 마태복음 6장 33절은 이렇게 말씀합니다.

"그런즉 너희는 먼저 그의 나라와 그의 의를 구하라 그리하면 이 모든 것을 너희에게 더하시리라."

우리의 고백을 듣기 원하시는 하나님

본문을 통해서 발견하게 되는 것은, 우리가 주님께 듣고 싶은 음성도 있지만, 주님이 우리에게서 듣고 싶어 하시는 음성도 있다는 것입니다. 우리의 고백, 우리의 말, 우리의 음성 듣기를 원하신다는 것입니다. 그 고백을 듣기 위해 주님은 때때로 질문하면서 물으십니다. 이사야 6장 8절을 보십시오. 하나님께서 이사야 선지자에게 이렇게 말씀하십니다.

"내가 누구를 보내며 누가 우리를 위하여 갈꼬."

그러자 이사야 선지자가 대답합니다.

"내가 여기 있나이다 나를 보내소서."

얼마나 귀한 고백입니까? 주님을 향한 귀한 헌신의 고
백이 아닐 수 없습니다. 그런데 본문에 등장하는 베드로
도 이것을 경험한 적이 있습니다. 어느 날 예수님께서 제
자들에게 물으셨습니다.

"사람들이 인자를 누구라 하느냐"(마 16:13).

그러자 제자들이 대답합니다.

"더러는 세례 요한, 더러는 엘리야, 어떤 이는 예레미야나
선지자 중의 하나라 하나이다"(마 16:14).

그때 예수님께서 물으십니다.

"너희는 나를 누구라 하느냐"(마 16:15).

이때 베드로가 기가 막힌 대답을 합니다.

"시몬 베드로가 대답하여 이르되 주는 그리스도시요 살
아 계신 하나님의 아들이시니이다"(마 16:16).

얼마나 놀라운 고백입니까? 이것이 믿음의 고백이 아
닙니까? 얼마나 귀한 고백인지, 이 신앙의 고백을 들은
예수님이 이렇게 말씀하십니다.

"바요나 시몬아 네가 복이 있도다 … 내가 이 반석 위에
내 교회를 세우리니"(마 16:17-18).

주님이 당신의 교회를 베드로의 반석 같은 신앙의 고백
위에 세우시겠다는 것입니다. 이것은 대단한 칭찬입니다.
그렇다면 다시 본문으로 돌아가 봅시다. 본문에는 예수
님의 세 번의 질문과 베드로의 세 번의 대답이 기록되어

있습니다. 그런데 성경 어디를 보아도 예수님께서 세 번에 걸쳐 똑같은 질문을 하신 적이 없습니다. 예수님께서는 왜 똑같은 질문을 세 번이나 반복하셨을까요? 물론 예수님을 세 번 부인한 베드로의 삶을 치유하기 위한 주님의 의도가 있었을 수 있습니다. 그러나 분명한 사실은, 예수님께서 너무나 듣고 싶으신 음성, 그 고백이 있는 것입니다. 그 고백이 무엇입니까? 바로 사랑에 대한 고백입니다.

예수님께서 질문하십니다. 같은 질문을 본문 15절, 16절, 17절 세 번에 걸쳐서 물으십니다.

"요한의 아들 시몬아 네가 나를 사랑하느냐."

이에 베드로가 대답합니다.

"주님 그러하나이다 내가 주님을 사랑하는 줄 주님께서 아시나이다."

우리의 고백을 통해 하나님께서 듣기 원하시는 것이 무엇일까요? 믿음의 고백도 중요하고 비전의 고백도 중요하지만, 주님께서 정말 듣기 원하시는 것은 주님을 사랑한다는 고백입니다.

주님께서 우리가 주님을 사랑하는지를 왜 모르시겠습니까? 우리가 하나님을 어떻게 사랑하는지, 얼마만큼 사랑하는지 주님은 다 아십니다. 그래서 베드로가 "내가 주님을 사랑하는 줄 주님께서 아시나이다"라고 대답한 것이 아닙니까? 하지만 그럼에도 우리의 사랑의 고백을 듣고 싶으신 것입니다.

말씀을 통해서 깨닫는 것은, 우리가 주님을 사랑하는 것보다 늘 주님이 우리를 더 사랑하신다는 사실입니다. 과거에 주님을 배반했던 베드로의 실패와 상관없이 말입니다. 왜 사랑하느냐고 물으시겠습니까? 그만큼 사랑하니까 사랑하는 자에게 그 사랑의 고백을 받고 싶어 하시는 것이 아니겠습니까? 만일 예수님께서 베드로에게 하셨던 이 질문을 똑같이 당신에게 하신다면 당신은 어떻게 대답하겠습니까? 우리 또한 베드로처럼 사랑한다고, 내가 주님을 사랑하는 줄 주님께서 아신다고 고백할 수 있어야 합니다.

주님의 질문은 과거형도 아니고 미래형도 아닙니다. 주님은 언제나 현재형으로 질문하십니다. 어린 시절 주님을 향한 사랑의 고백이 있었을 수 있습니다. 과거 어느 시점에 예수님을 만났을 때 뜨거운 눈물을 흘리면서 주님을 사랑한다고 고백했을 수도 있습니다. 그러나 중요한 것은 현재입니다. '네가 나를 사랑하느냐' 질문하시는 주님 앞에 '내가 주님을 사랑합니다'라고 고백할 수 있기를 바랍니다.

주님을 사랑하거든 행하라

이렇게 사랑을 경험하면 사명을 발견하게 됩니다. 베드로의 사랑의 고백을 들으신 주님은 "내 양을 먹이라, 내 양을 치라"고 말씀하십니다.

언젠가 교역자 수련회를 통해 에베소교회에 대한 마음을 나누며 함께 기도한 적이 있습니다. 하나님은 모든 교회를 사랑하셨지만 특별히 에베소교회를 사랑하셨습니다. 바울이 3차 전도 여행 때 에베소 지역에 복음의 씨앗을 뿌리고 에베소에 있는 성도들을 2년 동안 훈련시켰습니다. 이렇게 에베소교회는 선교지에 세워진 교회였고, 선교하는 교회였습니다. 그러나 너무나 안타까운 것은, 수십 년이 지난 이후 하나님께서 에베소교회에 대해 이렇게 말씀하십니다.

"내가 네 행위와 수고와 네 인내를 알고 또 악한 자들을 용납하지 아니한 것과 자칭 사도라 하되 아닌 자들을 시험하여 그의 거짓된 것을 네가 드러낸 것과 또 네가 참고 내 이름을 위하여 견디고 게으르지 아니한 것을 아노라 그러나 너를 책망할 것이 있나니 너의 처음 사랑을 버렸느니라"(계 2:2-4).

주님은 에베소교회의 행위와 수고와 인내를 안다고 말씀하십니다. 악한 자들을 용납하지 않은 것과 주님의 이름을 위해 참고 견디고 게으르지 아니한 것을 안다고 말씀하십니다. 이는 우리에 대해서도 마찬가지입니다. 주님은 우리의 헌신도 아시고, 수고도 아시고, 우리의 인내도 다 알고 계십니다. 다른 사람은 알지 못해도 주님은 그 모든 것을 다 알고 계십니다. 그런데 한 가지 책망할 것이 있다고 말씀하십니다. 그것이 무엇입니까? 처음 사랑을 버렸다는 것입니다. 이 사랑에 대해서 책망하십니다. 이어지는 말씀을 보십시오.

"그러므로 어디서 떨어졌는지를 생각하고 회개하여 처음
행위를 가지라"(계 2:5).

사랑이 있으면 행위로 나타나게 됩니다. 주님을 사랑
하면 행함으로 나타나게 되는 것입니다. 에베소교회에는
수고도 있고 인내도 있고 행함도 있었지만, 그것이 주님
을 향한 사랑으로부터 나온 행위는 아니었던 것 같습니
다. 그래서 성령을 통해 책망하면서 처음 행위를 가지라
고, 첫사랑의 마음을 회복하라고 말씀하고 계십니다. 그
렇게 하지 않으면 촛대를 옮기리라고 말씀하십니다.

촛대가 무엇입니까? 하나님의 임재, 하나님의 역사하
심, 하나님의 축복, 하나님의 놀라운 능력과 같은 것이 아
닙니까? 이러한 것들을 옮기게 되는 것이 바로 주님을 향
한 사랑이라는 것입니다. 당신의 삶에 그 사랑이 있습니
까? 성령께서는 지금도 그 첫사랑을 버리지 말라고 말씀
하십니다. 우리는 이전보다 더 주님을 향한 사랑이 새로
워져야 합니다. 그러한 사랑의 마음이 있을 때, 그 사랑을
통해서 하나님이 주시는 놀라운 복음의 사역들을 감당하
게 될 것입니다.

변화된 삶으로 증명하라

베드로에게도 예수님이 자신의 전부가 되었던 첫사랑의 때가 있었습니다. 누가복음 5장에 보면 모든 것을 버려두고 예수님을 따랐다고 기록되어 있습니다. 어떠한 것도 예수님보다 앞선 것이 없었습니다.

주님을 만나기 전에는 실패의 날이었습니다. 밤이 새도록 그물을 내렸지만 잡은 것이 하나도 없어 지치고 힘들어 있는 그 인생 가운데 주님께서 말씀하셨습니다.

"깊은 데로 가서 그물을 내려 고기를 잡으라"(눅 5:4).

말씀에 의지해서 그물을 내렸을 때 어마어마한 물고기를 잡으면서 그야말로 기적을 경험했습니다. 그러나 베드로는 물고기 앞에 무릎 꿇지 않았습니다. 주님 앞에 엎드렸습니다. 기억하십시오. 하나님께서 주신 축복에 무릎 꿇는 인생은 너무나도 초라합니다. 우리는 주님께서 주신 축복이 아니라 주님 앞에 무릎을 꿇어야 합니다.

주님은 당신 앞에 무릎 꿇었던 베드로에게 사명을 주셨습니다. 그 사명이 무엇입니까?

"이제 후로는 네가 사람을 취하리라"(눅 5:10).

그리고 그때 베드로는 모든 것을 버려두고 주님을 따랐습니다. 주님은 본문을 통해 당신의 양을 먹이고 치라는 동일한 부르심을 말씀하십니다. 세상의 어떠한 것도 주님을 위해 버릴 수 있다면 그것이야말로 진짜 사랑입니다. 주님을 가장 우선적으로 사랑할 때 주님은 우리 인생을 손해 보지 않게 하십니다. 우리 삶을 기적 같은 은혜로 인도하십니다.

우리에게 주시는 부르심이 무엇입니까? 예루살렘과 유대와 사마리아와 땅끝까지 이르러 모든 문화를 초월하는 것입니다. 주님의 사랑이 없으면 갈 수 없습니다. 가서 모든 민족을 제자로 삼으라는 말씀은 사랑으로 가라는 주님의 명령입니다. 생각해 보십시오. 어떻게 가족을 품습니까? 어떻게 이웃을 품습니까? 어떻게 나와 수준이 달라 보이는 사람을 품습니까? 다 사랑으로 품는 것입니다. 주님의 사랑이 없으면 불가능합니다.

1890-1900년대 초, 인도 펀자브 지역에서 사역했던 존 하이드(John Hyde) 선교사는 조용한 성격에 청각장애를 갖고 있었습니다. 그러다 보니 선교지에서 선교 활동

을 활발하게 펼치기보다는 기도에 힘쓰는 사람이었습니다. 그래서인지 그는 '잠자지 않는 사람', '기도의 사도'라고 불렸습니다. 그리고 기도하다가 주님의 사랑을 체험하고 성령의 은혜를 받았습니다. 성령의 첫 번째 열매가무엇입니까? 사랑이 아닙니까? 성령의 능력을 받으면 주님을 뜨겁게 사랑하게 되고, 그 주님의 사랑으로 영혼들을 사랑하게 됩니다.

존 하이드 선교사가 기도 속에서 주님과 교제하던 어느 날, 주님께서 그 뜨거운 사랑을 부어 주실 때 이렇게 고백하게 됩니다. "주님, 저에게 영혼을 주시거나 죽음을 주십시오." 그러면서 방에서 뛰쳐나와 영혼을 사랑하는 마음으로 복음을 전하기 시작합니다. 그렇게 매일 한 명씩을 구하고 전도하면서 어느 해에는 400명 이상을 전도했다는 기록이 있습니다. 그다음 해에는 두 사람 이상을 구하고 전도하면서 800명 이상을 전도했다고 합니다. 이렇게 주님의 사랑을 체험하면 그 사랑을 나누게 됩니다. 이렇게 주님을 뜨겁게 사랑하게 되면 주님의 마음 안에 있는 한 영혼, 한 영혼을 사랑하게 되는 것입니다.

살아 있는 순교자라고 불린 리처드 범브란트(Richard Wurmbrand) 목사는 1945년, 공산주의자들이 루마니아를

점령했을 때 교회가 박해를 받자 지하교회 선교 운동을 펼친 인물입니다. 당시 교회는 박해를 피해 지하로 다 숨어 들어갔습니다. 그렇게 복음을 전하던 중 1948년에 비밀경찰에 붙잡혀 감옥에 들어가게 되는데, 수년간 얼마나 고초를 당했는지, 표현할 수 없는 심한 고문과 박해를 받았습니다. 하지만 범브란트 목사는 그 가운데서도 주님의 복음을 전했다고 합니다. 심지어 고문하는 사람들에게도 복음을 전했다고 합니다.

우리를 십자가에 피 흘려 죽기까지 사랑하신 주님의 사랑이 우리 가슴에 가득 채워지면 그 사랑을 나누고 전하면서 살아가게 됩니다. 사랑으로 변화된 인생을 증명하며 살아가게 되는 것입니다. 당신 안에는 예수 그리스도를 향한 뜨거운 사랑이 있습니까? 그 사랑을 고백하며, 그것을 행동으로 보이며, 변화된 삶으로 그 사랑을 증명하며 살고 있습니까? 그 사랑을 가지고 주님을 알지 못하는 세상에 주님의 사랑을 전하는 삶을 살아가기를 바랍니다.

성숙한 제자로 나아가는 법

1. 제자는 하나님 앞에 사랑의 고백을 올려 드린다

주님의 질문은 과거형도 아니고 미래형도 아니다. 주님은 언제나 현재형으로 질문하신다. '네가 나를 사랑하느냐' 질문하시는 주님 앞에 '내가 주님을 사랑합니다'라고 고백할 수 있어야 한다.

2. 제자는 행함으로 사랑을 증명한다

우리는 이전보다 더 주님을 향한 사랑이 새로워져야 한다. 그러한 사랑의 마음이 있을 때, 그 사랑을 통해서 하나님이 주시는 놀라운 복음의 사역들을 감당하게 될 것이다.

3. 제자는 변화된 삶으로 증명한다

우리를 십자가에 피 흘려 죽기까지 사랑하신 주님의 사랑이 우리 가슴에 가득 채워지면 그 사랑을 나누고 전하면서 살아가게 된다. 사랑으로 변화된 인생을 증명하며 살아가게 되는 것이다.

"그러므로 예수께서 자기를 믿은 유대인들에게 이르시되 너희가 내 말에 거하면 참으로 내 제자가 되고 진리를 알지니 진리가 너희를 자유롭게 하리라"(요 8:31-32).

"예수께서 나아와 말씀하여 이르시되 하늘과 땅의 모든 권세를 내게 주셨으니 그러므로 너희는 가서 모든 민족을 제자로 삼아 아버지와 아들과 성령의 이름으로 세례를 베풀고 내가 너희에게 분부한 모든 것을 가르쳐 지키게 하라 볼지어다 내가 세상 끝 날까지 너희와 항상 함께 있으리라 하시니라"(마 28:18-20).

12. 제자의 선교

복음의 실체를 전하라

하나님께서 가장 기뻐하시는 것이 무엇일까요? 저는 선교라고 생각합니다. 예수님께서도 하늘 보좌를 버리고 이 땅에 선교사로 오셨습니다. 하나님의 미션을 가지고 선교적 사명, 곧 복음의 실체가 되어 이 땅에 오신 것입니다. 예수님께서 승천하기 전 제자들에게 유언과 같이 말씀하신 내용이 무엇입니까? 가서 제자를 삼으라 는 것입니다. 이것을 지상 명령이라고 부릅니다. 지극히 높은 차원의 명령이라는 것입니다. 주님이 말씀하신 것 과 우리가 해야 할 일들이 참 많지만, 그중에서 가장 긴급 하고 우선적이고 중요한 것은 가서 제자 삼는 이 선교의 사명을 감당하는 것입니다.

예수님께서는 승천하기 전 제자들에게 부탁하셨습니

다. 세계 선교의 비전을 보여 주면서 말씀하신 것입니다. 소수가 되든지 다수가 되든지 주님은 미루지 않고 말씀하십니다. 분명하고 정확하게, 가서 제자 삼으라고 말씀하십니다. 이것이 가장 놀라운 축복의 삶입니다. 그렇다면 우리는 어떻게 가서 많은 사람으로 제자를 삼을 수 있을까요?

먼저 제자가 되어야 한다

누군가를 제자 삼기 위해서는 우리가 먼저 주님의 참된 제자가 되어야 합니다. 주님의 제자가 되지 않고 어떻게 제자 삼으라는 이 귀한 명령을 순종할 수 있겠습니까? 사실 예수님을 믿는 사람은 모두 예수님의 제자입니다. 예수님을 믿는다고 말하는 성도들 또한 다 주님의 제자입니다. 예수님을 구원자로 영접하고 믿는다는 것은 주님의 말씀에 순종해서 살겠다는 결단이 포함되어 있는 것입니다.

그렇다면 우리는 자신이 참된 제자인지, 정말 하나님의 기쁨이 되는 제자인지를 돌아볼 필요가 있습니다. 본문인 요한복음 8장 31-32절을 보십시오.

"너희가 내 말에 거하면 참으로 내 제자가 되고 진리를 알
지니 진리가 너희를 자유롭게 하리라."

이것은 예수님께서 당신을 믿지 않는 사람들에게 말씀
하신 것이 아니라, 당신을 믿는 유대인들에게 말씀하신
것입니다. 무슨 말입니까? 예수님을 믿는다고 고백하며
주님을 따르고 있는데, 주님께서 보실 때는 참다운 제자
가 아니라는 것입니다.

그렇다면 어떻게 참된 주님의 제자가 될 수 있습니까?
'내 말에 거하면'이라고 말씀하십니다. 여기서 '거하다'
는 헬라어로 '메노'(μενω)라 하는데, 이것은 어딘가에 머무
는 것을 의미합니다. 끊임없이 계속해서 머무는 것입니
다. 주님의 말씀을 묵상하고 그 안에 머물면서 순종하고
자 몸부림치며 따라가는 인생, 그 인생이 주님의 참된 제
자임을 말씀하고 계십니다. 뿐만 아니라 진리인 그 말씀
이 우리를 자유롭게 하리라 약속하시는 것입니다.

하나님의 말씀이 우리의 삶 가운데 머물면 자유함의 역
사가 일어납니다. 죄에 억눌려 속박과 여러 가지 두려움,

절망과 인생의 무거운 짐 가운데 매여 있지만, 주님의 말씀 가운데 자유함이 있습니다. 이 복음이 우리 삶을 자유하게 만드는 것입니다. 이 복음, 곧 하나님의 말씀을 경험한 사람은 그 복음을 또 전하는 것입니다. 사망의 권세에 매여 지옥문을 향해 나아가는 영혼들에게 하나님의 말씀을 전하면서, 그들을 제자 삼으면서 그 인생들이 자유롭게 나아가도록 돕는 것입니다. 그러기 위해 날마다 주님의 말씀으로 충만해서 하나님의 기쁨이 되고 그분의 참된 제자로 일어날 수 있기를 바랍니다.

우리는 말씀 안에 거해야 합니다. 말씀 훈련도 받고, 제자 훈련도 받고, 말씀의 교제권 안에 머물며 서로를 위해 봉사하고 섬겨야 합니다. 그렇게 하나님의 뜻 가운데 나아가는 것입니다. 그럴 때 우리가 먼저 제자로 아름답게 성장할 수 있습니다.

명하신 곳으로 가야 한다

많은 사람을 제자 삼기 위해서는 많은 사람이 있는 곳으로 가야 합니다. 기다리는 것이 아닙니다. 하나님께서 이루시겠지, 하나님께서 제자 삼으시겠지, 하나님께서 선교하고 역사하시겠지 하며 마냥 기다리는 것이 아니라 가라고 말씀하신 것에 순종해야 합니다. 이것은 주님의 명령입니다.

그러면 어디로 가야 합니까? 주님은 '모든 민족'에게 가라고 말씀하십니다. '모든 민족' 안에는 우리와 같은 민족도 있고, 다른 민족도 있습니다. 같은 민족에게 복음을 전하는 것은 쉽게 말해 전도라고 할 수 있습니다. 우리는 이웃을 전도하고, 가족을 전도하고, 직장 동료를 전도해야 합니다. 때로는 다른 민족에게 복음을 전할 수도 있습니다. 이것을 일반적으로 선교라고 이야기합니다.

사실 선교는 이 모든 것을 아우릅니다. 중요한 것은 복음을 전하는 대상이나 범위가 아니라, 우리가 누구를 만나든지 복음을 전해야 한다는 것입니다. 우리는 우리가 있는 그 자리에서 복음을 전해야 합니다. 어디든지 나가서 복음을 전하는 것입니다. 가정과 일터, 우리나라 안에서도 복음을 전하고, 해외로 나가 선교하면서도 복음을 전해야 합니다.

요즘에는 선교사라는 이름을 가지고 복음을 전할 수 있는 나라가 굉장히 제한적입니다. 그러다 보니 점점 전문인 선교의 시대로 변해 가고 있습니다. 전 세계적으로도 그렇고 우리의 삶의 현장도 마찬가지입니다. 개인의 전문성과 각자가 가지고 있는 자원과 영향력을 가지고 복음을 전하는 것입니다. 교사나 교수처럼 가르치는 사람들은 교육 선교사, 캠퍼스 선교사로서 복음을 전하는 것이고, 의사나 간호사들은 의료 선교사로서 복음을 전하는 것입니다. 또 사업하는 사람들은 비즈니스 선교사로서 복음을 전하는 것입니다. 또 문화, 예술, IT 분야 등 다방면에서 복음을 전해야 합니다. 우리를 부르신 그 자리, 곧 가정이 선교의 기지가 되고, 직장이 선교의 거점이 되고, 우리가 있는 지역부터 시작해 전 세계 열방 가운데 이 복음의 장막을 펼쳐 복음을 전하는 것입니다.

주님의 마음을 가지면 우리 주위의 불신 영혼들이 눈에 들어오게 됩니다. 그리고 복음을 나누게 됩니다. 이것이 하나님의 역사요, 말씀의 역사입니다. 어느 교회에 두 집사님이 있는데, 한 집사님은 주위에 전도 대상자가 없다고 이야기하고, 다른 한 집사님은 주위에 전도 대상자가 많아서 기도해야 한다고, 빨리 복음을 전해야 한다고 이야기했다고 합니다. 놀라운 사실은, 두 집사님이 같은 동네, 같은 아파트에 살고 있었다는 것입니다. 주님의 마음을 가지면, 주님의 기도의 눈물이 있다면 주님을 알지 못해 죽어 가는 수많은 영혼이 보이게 됩니다. 우리만 예수님 믿고 천국에 가면 되겠습니까? 그렇지 않습니다. 우리는 복음에 빚진 자들입니다. 우리 주위의 수많은 영혼이 주님 앞으로 돌아올 수 있도록, 특별히 전 세계 열방에서 주님의 복음의 소식을 듣지 못해 주님을 믿지 못하는 수많은 영혼이 주님 앞으로 돌아올 수 있도록 우리는 가서 복음을 전하라는 명령에 순종해야 합니다.

예수님의 지상 명령은 동시적인 명령입니다. 예루살렘이나 유대나 사마리아나 땅끝이 아닙니다. 예루살렘과 유대와 사마리아와 땅끝입니다. 우리의 가족 복음화, 일터 복음화, 지역 복음화, 민족 복음화, 세계 복음화가 동시에 이루어지는 것입니다. 그런데 우리가 다 갈 수는 없습니다. 그래서 내가 갈 수 있는 곳, 나를 부르신 곳에서는 내가 선교사로서 사는 것이고, 내가 갈 수 없는 곳에는 선교사를 파송하면서 그들을 돕고 섬기는 것입니다. 그곳이 어디든, 주님께서 가라고 명하신 곳으로 순종하면서 가는 것이 가장 복된 제자의 삶입니다.

즐겁게 헌신하라

우리나라를 보면 가서 제자 삼으라는 주님의 엄위한 명령 앞에 순종했던 수많은 선교사가 우리 민족을 찾아와 복음을 전했습니다. 당시에는 세계가 별로 주목하지 않았던 조선 땅에 그 많은 젊은이들이 들어온 것입니다. 1880년대에 본격적으로 들어와 병원도 짓고, 학교도 짓고, 신학교도 짓고, 교회도 개척하고, 우리나라에서 자립형 선교가 될 수 있도록 얼마나 많은 선교사들이 와서 섬겨 주었는지 모릅니다.

이후 1907년에 평양에서 놀라운 부흥의 역사가 있었습니다. 사경회 기간 동안 살아 계신 하나님의 말씀이 움직이면서 성령의 강력한 불이 임하자 복음을 전하면서 나아가게 된 것입니다. 그 불길이 이어져 1909년에는 백만 구령 운동이 이루어지게 됩니다.

오늘날에도 놀라운 헌신이 있지만, 당시 기록을 보면 우리 믿음의 선배들이 놀라운 헌신을 했습니다. 하나님 앞에 드릴 것이 없으니 '날 연보'라는 것을 드렸다고 합니다. '날 연보'란 하나님 앞에 날짜를 드리는 것입니다. 하나님 앞에 날짜를 정해 놓고 그 요일을 드리는 것입니다.

그날은 하나님 앞에 전도하면서, 선교하면서 사는 것입니다. 기록에 따르면 평양에 사는 천여 명의 성도가 2만에서 2만2천 날 이상을 드렸고, 전국의 성도들이 10만 날이상을 드렸습니다.

또한 그 무렵 평양의 신학교에서 처음으로 일곱 명이목사 안수를 받게 됩니다. 우리나라 최초로 목사 안수를받게 되는데 그중에 한 사람을 선교사로 파송하게 됩니다. 그분이 바로 이기풍 목사님입니다. 오늘날로 말하면제주도로 파송을 하게 되는데, 당시에는 타 문화권이었습니다. 그쪽으로 선교사를 파송한 것입니다.

이처럼 한국 교회의 역사는 선교의 역사입니다. 당시한국 교회는 "선교가 없는 교회는 교회가 아니다"라는 구호를 외치면서 선교회를 조직해 놀라운 선교의 사명을감당했습니다. 놀라운 것은, 이것이 성경적인 가르침이었다는 사실입니다. 이 땅에 왜 교회를 두셨습니까? 그본질적인 사명과 목적과 의미가 무엇입니까? 바로 선교라고 말씀하시는 것입니다.

오순절 날 제자들이 모인 자리에 성령이 강력하게 임했습니다. 선교적 사명을 감당하라고, 복음을 전하라고 이땅에 교회를 주신 것입니다. 예루살렘교회를 세워 주면서는 사도들을 통해, 또 초대 교회 성도들을 통해 복음을 전하게 하십니다. 안디옥교회를 통해서는 바울과 바나바를 파송하게 하시고, 선교를 협력하게 하시고, 기도하게 하시고, 돕게 하시고, 소아시아 지역과 유럽에 교회들을 개척하게 하십니다. 그래서 성경에 나와 있는 서신서들은 모두 선교 편지입니다. 놀라운 복음의 역사들이 진전되는 것입니다. 이처럼 역사 가운데 있었던 수많은 교회는 다 선교적 교회입니다. 선교가 한 부분이 아니라 교회의 본질 자체가 선교입니다. 선교로 똘똘 뭉쳐 있는 것입니다.

오늘날에도 여전히 전 세계에 나가서 복음을 전하고 있지만, 사실 세계가 우리 주위에 이미 와 있습니다. 우리나라를 단일민족이라고 이야기하는 것이 무색할 만큼 오늘날에는 220만 명이 넘는 외국인들이 우리나라에 살고 있습니다. 탈북자들의 수도 해마다 늘어 가고 있습니다. 그들 모두가 우리의 식구요, 가족입니다. 그러다 보니 많은 교회가 이러한 이주민들을 대상으로 예배를 드립니다. 함께 예배하는 것입니다. 그렇게 복음을 전하고 역으로 파송하며 세계 선교를 감당하고 있습니다.

물론 반대 사례도 있습니다. 우리나라에 들어와 있는

외국인들처럼 우리나라를 선교적으로 사용하기 위해서 우리나라의 수많은 국민을 지난 한 세기 동안 전 세계에 흩어 주셨습니다. 750만 명이 넘는 디아스포라 한인들이 전 세계에 나가서 교회를 개척하고 복음을 위해, 선교를 위해 헌신하게 하신 것입니다. 전 세계가 연합해 주님 다시 오시는 그 길을 예비하며 예배와 선교를 통해 하나님 앞에 영광을 올려 드리고 있는 것입니다. 이 마지막 시대에 하나님이 쓰실 만한 교회, 하나님이 쓰실 만한 가정, 하나님이 쓰실 만한 민족, 하나님이 쓰실 만한 우리의 삶이 되어야 할 것입니다.

가서 제자 삼는 이 놀라운 역사는 우리의 힘이나 능력으로 되는 것이 아닙니다. 우리의 경험과 지혜로도 안 됩니다. 성경은 분명히 말씀합니다. "오직 성령이 너희에게 임하시면." 성령의 강력한 역사가 있을 때 선교의 역사가 나타나는 것입니다. 성령의 충만함을 의지하고 사모하고 간구할 때, 그래서 성령이 역사하시는 삶이 될 때 이 선교 역사가 이루어지는 것입니다. 본문인 마태복음 28장 18-20절을 보십시오.

"하늘과 땅의 모든 권세를 내게 주셨으니 그러므로 너희

는 가서 모든 민족을 제자로 삼아 아버지와 아들과 성령
의 이름으로 세례를 베풀고 내가 너희에게 분부한 모든
것을 가르쳐 지키게 하라.”

다른 권세를 가지고 가는 것이 아닙니다. 예수님께서
하늘과 땅에 있는 모든 권세를 우리에게 주셨습니다. 그
런데 얼핏 생각해 보면 앞뒤가 안 맞습니다. 애초에 하늘
과 땅에 있는 권세를 가진 주님이 가시면 될 일인데 왜 우
리보고 가라고 하시는 것일까요? 그러나 이것이 너무나
도 놀랍고 비밀스러운 축복의 말씀이요, 능력의 말씀입
니다. 하늘과 땅에 있는 모든 권세, 즉 예수님의 권세가
우리의 권세가 된다고 말씀하시는 것입니다. 예수님의
힘과 능력이 우리의 힘과 능력이 된다는 것입니다. 그러
니 가서 복음을 전하라고 말씀하시는 것입니다.

사실 우리가 가진 것은 다 주님이 주신 것입니다. 오늘
을 살아가는 생명도 주님이 주신 것이고, 건강도 주님이
주신 것이고, 물질도, 생활의 형편도 다 주님이 주신 것입
니다. 또한 은사와 재능과 달란트도, 직업도, 영향력도 다
주님이 주신 것입니다. 이 모든 것을 주님의 나라와 영광
을 위해 드릴 때 하나님의 놀라운 역사가 나타나게 되는

것입니다.

그렇다면 이렇게 선교의 사명을 감당하는 인생에는 어떤 축복이 있습니까? 많은 축복이 있지만 그중 한 가지만 이야기한다면, 세상 끝 날까지 주님이 우리와 항상 함께하신다는 것입니다. 선교하는 인생, 하나님 나라와 복음을 전하면서 살아가는 인생은 하나님이 함께하겠다고 약속하시는 것입니다. 얼마나 놀라운 축복입니까? 하나님이 함께하시면 인생이 열리는 것입니다. 하나님이 함께하시면 하늘 문이 열리는 것입니다. 하나님이 책임지고 역사해 주십니다.

하나님이 함께하시는 인생은 두려움이 없는 인생입니다. 그래서 선교하는 인생 가운데는 두려움이 없습니다. 모든 장애물이 다 물러가는 것입니다. 그리스도의 제자 된 우리 인생이 다 그러한 복을 받을 수 있기를 바랍니다.

성숙한 제자로 나아가는 법

1. 제자는 복음을 전하기 위해 먼저 된 자이다

누군가를 제자 삼기 위해서는 우리가 먼저 주님의 참된 제자가 되어야 한다. 주님의 제자가 되지 않고 어떻게 제자 삼으라는 이 귀한 명령에 순종할 수 있겠는가. 예수님을 구원자로 영접하고 믿는다는 것은 주님의 말씀에 순종해서 살겠다는 결단이 포함되어 있는 것이다.

2. 제자는 명하신 곳으로 가야 한다

예수님의 지상 명령은 동시적인 명령이다. '예루살렘이나 유대나 사마리아나 땅끝'이 아니라, '예루살렘과 유대와 사마리아와 땅끝'이다. 그러나 우리가 다 갈 수 없기에, 나를 부르신 곳에서는 내가 선교사로서 사는 것이고, 내가 갈 수 없는 곳에는 선교사를 파송하면서 그들을 돕고 섬기는 것이다.

3. 제자는 성령의 능력으로 살아가는 자이다

가서 제자 삼는 이 놀라운 역사는 우리의 힘이나 능력으로 되는 것이 아니다. 우리의 경험과 지혜로도 안 된다. 성령의 강력한 역사가 있을 때 선교의 역사가 나타나는 것이다. 성령의 충만함을 의지하고 사모하고 간구할 때, 그래서 성령이 역사하시는 삶이 될 때 이 선교 역사가 이루어진다.